# DAS LEBEN IST DER WEG

»Das Leben ist der Weg«, das könnte ein Resümee sein, wenn man zurückschaut auf gelebte Zeit; es könnte auch ein Wunsch sein an die 365 Tage des Jahres 1994, die uns zu leben angeboten, geschenkt werden.

Das Leben ist der Weg, das ist die Rückschau eines Menschen, der weiß, daß sein Weg bald zu Ende gehen wird; es ist auch der Ausblick auf ein Leben, das – so Gott will – jedem von uns bevorsteht und auf das hinzuleben unser Leben der Zuweg ist.

Das Collegium Augustinum wird im vor uns liegenden Jahr 40 Jahre alt. Es war ein beeindruckender Weg voller Leben. Wir sind gewiß, daß es ein guter Weg bleiben wird.

Zum Weihnachtsfest wünschen wir Ihnen Gottes bergende Nähe und beruhigende Freundlichkeit.

COLLEGIUM AUGUSTINUM

FRIEDRICH WALZ

# DAS LEBEN IST DER WEG

*Gedanken für Zeit und Ewigkeit*

Herausgegeben von
Helmut Winter

CLAUDIUS VERLAG

Quellennachweis (Texte von Friedrich Walz)

S. 25, »Komm, sag es allen weiter,« aus »Neue Kinderlieder«, BE 807.
Gustav Bosse Verlag, Regensburg

Mit freundlicher Genehmigung des Verlags Voggenreiter & Strube, München:
S. 38, »Herr, gib du uns Augen«
S. 52, »Seht hin, er ist allein im Garten.«

Einige in diesem Buch veröffentlichte Texte sind zuerst im Rheinischen Merkur erschienen.

Fotonachweis:

Drahn (11, 29), Schmidt-Luchs/Mauritius (45), M. u. H. Bavaria (61), Seim/Mauritius (83), Kossmehl/Bavaria (93).

Die Deutsche Bibliothek – CIP-Einheitsaufnahme

*Walz, Friedrich:*
Das Leben ist der Weg : Gedanken für Zeit
und Ewigkeit / Friedrich Walz.
4. Aufl. – München : Claudius Verlag, 1993
ISBN 3-532-62038-3

4. Auflage 1993

Umschlaggestaltung: Werner Richter;
Umschlagfoto: Binder/Bavaria
Fotosatz: Uhl + Massopust GmbH, Aalen
Druck: gwd Hans Venus GmbH, München

ISBN 3-532-62038-3

# *Inhalt*

## HERR, SIEH DEINE ERNTE AN



## SIEHE, ICH KOMME ZU DIR



## DEN ABSCHIED AUSHALTEN

## *Vorwort*

Mancher schreibt sich etwas von der Seele. Friedrich Walz schreibt mit der Seele. Man muß ihn nicht hinter seinen Worten suchen, er ist ganz in ihnen. Das macht die Lektüre dieses Buches zu einem Erlebnis.

Die ihn gekannt haben, werden sich freuen, ihm in diesem Buch wieder zu begegnen. Die ihn nicht gekannt haben, können ihn neu kennenlernen.

Er war ein evangelischer Pfarrer, wie man sich ihn wünscht. In seiner Nähe wurde einem das Glauben leichter. Die Menschen spürten, daß von ihm eine christliche Fröhlichkeit und Freiheit ausstrahlte. Besonders die Jugend mochte ihn, und wenn man ihn in seiner Wohnung besuchte, waren eigentlich immer Jugendliche aus der Gemeinde bei ihm.

Auch die Älteren empfanden ihm gegenüber eine wohltuende Nähe. So sagte eine ältere Frau: »Wenn Friedrich Walz im Fernsehen das Wort zum Sonntag spricht, habe ich das Gefühl, daß er ganz bei mir in meinem Zimmer anwesend ist und zu mir spricht.«

Friedrich Walz verstand etwas vom Leben. Es war für ihn voller Wunder, die er immer von neuem staunend entdeckte. Was er erlebte, konnte er auch in Worte fassen und anderen vermitteln. Hochbegabt und voller Ideen konnte er sich so einbringen, daß jeder sich beteiligt, gefördert und wertgeschätzt fühlte. Indem er sich verschenkte, verlor er nichts, sondern gewann viele Freunde. Eine überwältigend große Zahl von Menschen hat sein frühes Hinscheiden tiefbedauert.

Das Leben war für ihn nicht Karriere, sondern Weg in die Zukunft Gottes, nicht Statistik, sondern Verheißung. Bei ihm spürte man: Wer wirklich etwas vom Leben versteht, versteht etwas von Gott. Die Liebe Christi hat ihn bewegt. Er war von einer eminenten Hilfsbereitschaft. Er wollte es nicht dulden, daß Menschen verführt werden, ratlos bleiben oder verzweifeln.

Gerade die Behinderten, die Kranken, die Alten, mit denen die Gesellschaft nichts mehr anfangen kann, waren für ihn diejenigen, denen das Wort Christi gilt: »Kommet her zu mir, ich will euch erquicken.« Harte Gesetzespredigten waren nicht seine Sache. Er wollte nicht konfrontieren, sondern aufrichten. Wo Menschen zu Gottes Ehre gern sangen, da war er glücklich.

Friedrich Walz war auch ein Liebhaber des Friedens, hatte er doch in der eigenen Familie die zerstörende Macht des Krieges schmerzlich erfahren müssen. Friedensbedrohend war für ihn die Stumpfheit, die sich an die Gewalt gewöhnt hat. Auch die Meinung, Leben sei nichts anderes als Steigerung und Mehrhabenwollen, bedroht den Frieden. Um den Frieden muß man sich bemühen. Ihn muß man von Gott erbitten. Dazu muß man sich selbst zurücknehmen können, fasten lernen. Denn dabei entdeckt ein Mensch sein Angewiesensein auf Gott, der allein Frieden und Leben schenken kann.

Als er in seinen letzten Monaten mit einer schweren Krankheit ringen mußte, waren es wenige Worte der Bibel, die ihm blieben und an denen er festhielt: die Bitten des Vaterunsers und einige Psalmverse. Was ihm sein Leben lang wichtig war, hat er am Ende bewährt, jede Situation des Lebens mit Gott zusammenzubringen.

Durcheinanderwerfen ist eine böse Sache. Doch zusammenbringen, was zusammengehört, Mensch und Gott, ist zutiefst heilsam. Von dieser heilsamen Kraft wird der etwas spüren, der dieses Buch liest.

München, im August 1985 *Johannes Viebig,*
*Oberkirchenrat*

*Wer ohne Christus leben will, muß zusehen, wie er ohne ihn raten kann. Ich und du können das nicht. Wir brauchen einen, der uns hebe und halte, solange wir leben, und uns die Hand unter den Kopf lege, wenn wir sterben müssen.*

Matthias Claudius

# *Vertrauen wagen*

»Ich rechne damit,
daß wir auf Christus zugehen.
Dann ändert sich manches.«

## *Wir alle brauchen Hände*

Es sind nicht meine Hände,
die sich dir da entgegenstrecken, Kind.
Meine wären noch ein bißchen größer.
Gröber wohl auch.
Aber es könnten meine Hände sein.
Denn dich könnten sie halten.
Sie können nicht alles, was sie sollen.
Aber dafür reicht es:
Dich könnten sie auffangen.

Sie würden es auch tun.
Denn, was du vorhast, ist gut und wichtig.
»Laufen lernen« sind fast zu kleine Worte dafür.
Um was es geht, erzählt mir dein Gesicht:
Gerade hast du dich noch auf Händen und Füßen bewegt.
Und wie sicher fühlt man sich auf allen vieren.
Nun stehst du da,
Mühsam ausbalanciert,
auf zwei Beinen –
und welcher Tisch kann das schon.
Und da soll man noch einmal
eine von zwei Stützen aufgeben –
alles Gewicht auf ein Bein verlegen –
das andere ganz entlasten –
aufheben und nach vorne bringen und aufsetzen.
Nein, das kann nicht gut gehen.
Das Risiko ist zu groß.

Wenn nur die Hände nicht da wären,
lautlose, aber deutliche Aufforderung:
Komm, probier es aus!
Sie laden ein und locken.
Sie versprechen: Wir halten dich.
Sie sagen: Wir fangen dich auf.
Schau sie dir ruhig genau an, die Hände.
Manchmal kann man Zuverlässigkeit sehen.

Höre auch genau hin auf das, was sie sagen.
Nicht immer sind die größten Versprechen die besten.
Nur: Hinschauen, Zuhören und Überlegen hilft nicht weiter.
Was steckt hinter der Einladung: »Komm!«?
Was ist das Versprechen wert: »Ich halte dich!«?
Das wirst du erst entdecken,
wenn du dein Herz in die Hände
und einen Fuß in die Höhe nimmst.
Wie gesagt, die Hälfte deiner Sicherungen
mußt du aufgeben.
Billiger geht es nicht.

Du wirst den Schritt wagen.
Ich weiß nicht wann.
Ich weiß auch nicht, wie gut er gelingt.
Aber du wirst ihn ausprobieren.
Ihn und viele andere.
Beinahe hätte ich etwas furchtbar Dummes behauptet.
Ich wollte sagen:
»Du wirst sie ausprobieren auf deinem Weg ins Leben.«
Aber du bist doch nicht erst auf dem Weg ins Leben.
Auch wenn sie es törichterweise noch oft behaupten werden:
beim Schulanfang oder -abschluß oder bei der Konfirmation.
Da werden sie vom »Weg ins Leben« reden.
Aber du lebst doch.
Genau wie wir alle.

Das ist doch unser aller Leben: Nicht genau wissen,
wie man den nächsten Schritt übersteht –
eine Hand geboten bekommen und skeptisch sein –
etwas mühsam das Gleichgewicht behalten –
ermutigt werden und einen Schritt wagen.
Es gibt keinen »Weg ins Leben«.
Das Leben ist der Weg.

Denke nicht, die späteren Schritte seien alle einfach.
Die ersten Schritte in einer neuen Arbeitsstelle,
der erste Schritt nach einem Streit,
der Weg zum Arzt,

ein Gang zur Bitte um Verzeihung,
die vielen Schritte zum Frieden:
Sie alle sind nicht leichter,
als der eine, der vor dir liegt.

Denke auch nicht, die sogenannten großen Leute
würden nur noch große Sprünge machen.
Das Unglück ist, daß vielen
die kleinen Schritte zu bescheiden sind, zu unbedeutend.
Darum geht oft gar nichts mehr vorwärts.

Denke auch nicht, die Erwachsenen brauchten keine Hand,
die sie hält.
Manche meinen zwar, alles allein zu können.
Manche meinen, sie brauchen weder Stütze noch Halt,
weder Ermutigung noch Führung.
Aber du, Kind, und ich, wir können das nicht.
Wir brauchen einen Beistand, um zu stehen.
Wir brauchen Begleitung, um sicher zu gehen.
Wir brauchen einen Halt, um Haltung zu finden.
Wir brauchen einen Halt, um andere halten zu können.
Wir brauchen Hände,
die sich nicht zurückziehen, wenn wir fallen,
sondern dann erst recht da sind.

Trau denen nicht, die sagen:
Fallen macht überhaupt nichts aus.
Manchmal tut es weh.
Aber trau auch denen nicht, die sagen:
Fallen ist das Allerschlimmste.
Fallen ist nicht das Schlimmste.
Liegenbleiben zum Beispiel ist schlimmer.

Vieles in diesen Gedanken ist weit weg von dir.
Die Hände aber sind dir nahe,
Sie sind nur einen Schritt weit weg.
Sie sagen: Auch ein Weg von vielen Meilen
beginnt mit dem ersten Schritt.
Also: Komm! Wage ihn!

## *Zeit, die zählt*

Von einem Gespräch im Sommerurlaub möchte ich erzählen. Wir hatten Besuch, ein Mädchen war gekommen. Sie wohnte mit ihren Eltern im Nachbarhäuschen. Sie war sechs Jahre alt und hieß Annette. Es kam zu einer Unterhaltung, was man eben im Urlaub so redet. »Hast du heute schon gebadet?« Der kleine Bruder hat geweint, er ist nämlich hingefallen. Und mittags gab es selbstgepflückte Brombeeren.

Dann kam ganz unvermittelt die Frage: »Meinst du, daß alles einmal aufhört?« – »Was soll aufhören?« – »Ich meine: alles – hier, zu Hause, auf der ganzen Welt.« – »Ich denke, das ist möglich«, sagte ich. »Und dann gibt es gar nichts mehr? Keinen See, keine Häuser, keine Menschen? – Und keine Zeit mehr?« Ja, wirklich, sie fragte, ob es dann keine Zeit mehr gibt. Ein sechsjähriger Philosoph, dachte ich. »Weißt du, wann das ist?« – »Nein, das weiß ich nicht.« – »Ob das schon vor dem nächsten Monat ist?« – Der nächste Monat war wichtig, es war der Schulanfang. »Nein, so schnell geht es wohl nicht«, sagte ich.

Und dann überlegte ich heftig, was ich noch sagen sollte. Als ausgewachsener Pfarrer wird man doch einem sechsjährigen Kind Rede und Antwort stehen können. Während ich noch nachdachte, fragte sie: »Weißt du, was ich für eine Schuhgröße habe?« Nicht einmal das wußte ich.

Ich will jetzt nicht darauf hinaus, was für unergiebige Gesprächspartner wir Erwachsenen oft für Kinder sind, wenn wir weder den Termin des Weltendes noch ihre Schuhgröße wissen. Mich hat etwas ganz anderes fasziniert. Mich hat das sofort an Martin Luthers berühmten Ausspruch vom Apfelbäumchen erinnert: Wenn er wüßte, daß morgen die Welt unterginge, würde er heute sein Apfelbäumchen pflanzen.

Ich will Martin Luther abwandeln. Wenn ich wüßte, daß morgen alles vorbei wäre, könnte ich heute nichts Besseres tun, als einen anderen ernstnehmen. Einen Nachbarn, einen Kollegen oder ein Kind. Mich mit seinen Fragen, mit seinen Problemen beschäftigen, auch wenn sie mir klein, auch wenn sie mir kindlich, auch wenn sie mir unbedeutend erscheinen.

Verstehe ich die Bibel recht, dann sagt sie: Einmal werden wir feststellen, daß die Zeit, die wir verschenkt haben, nicht verloren ist. Vielleicht ist es überhaupt die einzige Zeit, die zählt.

Wir leben in der Woche zwischen dem ersten und zweiten Advent. Erster und zweiter Advent: das meint, in der Sprache der Alten, die erste Ankunft Christi und seine Wiederkunft. Zwischen dem ersten und zweiten Advent spielt sich unser Leben ab. Wenn ich überhaupt damit rechne, daß es so etwas wie einen zweiten Advent gibt, dann rechne ich auch damit, daß einmal alles zu Ende sein wird. Dann erschrecke ich bei dem Gedanken, daß wir Menschen selber es sein könnten, die ein Ende fabrizieren. So ein Gedanke kann einem manchmal den Spaß rauben oder sogar den Schlaf.

Aber dann rechne ich auch damit, daß ich – daß wir auf Christus zugehen. Dann ändert sich manches. Dann kann ich z. B. nicht mehr wie eine Entschuldigung sagen: Kriege hat es immer gegeben und wird es immer geben. Wenn das Ziel Christus heißt, kann der Weg nicht aus lauter Kriegen bestehen.

Im Kleinen ändert sich auch etwas. Da soll z. B. Zeit sein, zu sehen und wichtig zu nehmen, wie ein Kind aus seinen Schuhen herauswächst.

## *Gottes Schutzzaun*

Gottes Gebote sind wie ein Schutzzaun.
Sie begrenzen den Weg, auf dem wir gehen können.
Sie versperren den Weg,
auf dem wir uns verirren oder schaden.

Gottes Gebote sind wie ein Spiegel.
Sie zeigen uns, wer wir sind.
Sie lassen uns erkennen,
wo wir dem Ebenbild Gottes nicht mehr gleichen.

Gottes Gebote sind eine Einladung,
das neue, das ganze, das heile Leben zu suchen.
Mehr noch: zu versuchen, es zu leben.

*Das 1. Gebot:*
Ich bin der Herr, dein Gott. Du sollst nicht andere Götter neben mir haben.

Es ist gut, daß du da bist, unser Herr und unser Gott! Vergib uns, wenn wir unser Heil bei anderen Helfern suchen und unsere Zukunft durch andere Mächte schützen wollen.
Hilf uns, daß wir Vertrauen lernen.

*Das 2. Gebot:*
Du sollst den Namen des Herrn, deines Gottes, nicht unnützlich führen.

Herr, es ist gut, daß du deinen Namen schützst. Wir nehmen unsere Namen und andere Namen über die Maßen wichtig.
Wir reden über dich, wie über einen, der nicht da ist.
Hilf uns, daß wir beten lernen.

*Das 3. Gebot:*
Du sollst den Feiertag heiligen.

Danke, Herr, daß du die Zeit der Ruhe und die Zeit der Andacht ordnest. Wir tun so, als hätten wir keine Zeit und als lebten wir nur von unseren Anstrengungen.
Hilf uns, daß wir lernen, dich zu feiern und miteinander zu feiern.

*Das 4. Gebot:*
Du sollst deinen Vater und deine Mutter ehren, auf daß es dir wohl ergehe und du lange lebst auf Erden.

Danke, daß du das Alter unter deinen Schutz stellst, Herr. Vergib uns, wenn wir Menschen nur an ihrem Nutzen messen und vergessen, was wir selber empfangen haben, bevor wir geben konnten.
Hilf uns, daß wir Respekt lernen und Dankbarkeit.

*Das 5. Gebot:*
Du sollst nicht töten.

Herr, alles Leben gehört dir allein. Vergib, wenn wir uns zu Herren des Lebens machen, die selber bestimmen wollen, wo die Ausnahmen sind.
Hilf uns zur Ehrfurcht vor jedem Leben.

*Das 6. Gebot:*
Du sollst nicht ehebrechen.

Die Ehe, Herr, ist ein Geschenk von dir. Wir verlieren so viel, wenn wir Liebe nur für die eigene Lust, die Ehe für unseren Egoismus, die Familie für unsere Bequemlichkeit mißbrauchen.
Hilf uns, daß wir lernen, wirklich zu lieben.

*Das 7. Gebot:*
Du sollst nicht stehlen.

Gut, daß du die Güter dieser Erde unter deinen Schutz stellst, Herr. Wir vergessen, daß sie uns nur geliehen sind. Wir überhören, daß wir mit ihnen Gutes tun können. Wir wollen nicht wahrhaben, daß wir auf Kosten anderer leben.
Hilf uns, daß wir lernen zu teilen.

*Das 8. Gebot:*
Du sollst nicht falsch Zeugnis reden wider deinen Nächsten.

Herr, die Wahrheit braucht deinen Schutz besonders. Wir meinen oft, Lügen sei einfacher. Wir meinen, wir erscheinen besser, wenn wir andere schlecht machen.
Hilf uns, wahr und gut zu reden.

*Das 9. Gebot:*
Du sollst nicht begehren deines Nächsten Haus.

*Das 10. Gebot:*
Du sollst nicht begehren deines Nächsten Weib, Knecht, Magd, Vieh oder alles, was sein ist.

Ohne dich ist unser Herz schutzlos. Herr, vergib uns, daß wir nicht dankbar sind für das Viele, was wir haben. Vergib, daß wir unglücklich sind über das Wenige, was uns fehlt. Wecke in uns den Hunger und Durst nach Gerechtigkeit.

Christus sagt:
Alles hängt an zwei Geboten. Du sollst lieben Gott, deinen Herrn, von ganzem Herzen, von ganzer Seele, von ganzem Gemüt. Und: Du sollst deinen Nächsten lieben wie dich selbst. Kyrie eleison!

## *Halte fest an Barmherzigkeit und Recht*

Herr, daß mein Leben
deine Gebote mit ganzem Ernst hielte,
denn deine Gebote sind gut.
Sie wollen unser Bestes.
Sie wollen, daß der Mensch
Hüter des Menschen sei.

Deine Gebote sind lebendig:
Halte fest an Barmherzigkeit und Recht –
ein Wort für dieses Jahr.

Herr, das Wort brennt uns auf der Seele.
Wir können es nicht auslöschen,
weder mit Tränen, noch mit Blut.
Wir können es nicht wegwischen,
auch nicht mit Weihwasser.
Wir können es nicht übertönen,
auch nicht mit Chorälen.

Herr, wir hören nicht auf zu fragen:
Soll ich meines Bruders Hüter sein?
Wer ist denn mein Bruder?
Wo beginnt unsere Zuständigkeit?
Vor allem: Wo hört sie auf?
Aber dein Wille ist,
daß Barmherzigkeit geschieht
und Recht geübt wird.

Herr, wir haben Grund zum Klagen:
Die Panzer tragen Kanonen,
sie taugen weder zum Pflügen noch zum Ernten.
Ihre Spuren sind voll Blut.
Die Tiere in den Wäldern unserer Heimat
haben Schonzeit,
die Menschen im Vorderen Orient
und in Südostasien nicht.
Der deutsche Tierschutzverein gilt bei vielen mehr

als die deutsche Friedensgesellschaft.
Aber dein Wille ist,
daß Barmherzigkeit geschieht
und Recht geübt wird.

Herr, wir hörten dich oft schon sagen,
daß das Töten viele Namen hat:
Mord und Rufmord und Scheltwort,
Zorn und Rache
oder auch Nichtstun,
zulassen und mitansehen.
Nicht teilen wollen.
Wo keine Kugeln fliegen,
fliegen böse Worte.
Und dabei wissen wir,
daß Vorurteile töten können,
daß Schlagworte häufig Wunden schlagen,
daß Gemeinplätze oft Gemeinheiten sind.
Aber dein Wille ist,
daß Barmherzigkeit geschieht
und Recht geübt wird.

Herr, dein Gebot ist gut.
Aber unser Gehorsam ist nicht gut,
weil unsere Angst zu groß ist.
Angst vor Verantwortung,
Angst, daß Liebe vielleicht doch dumm ist,
Angst vor den Kosten der Barmherzigkeit,
Angst, daß das Recht zu sehr anstrengt.
Aber dein Wille ist,
daß Barmherzigkeit geschieht
und Recht geübt wird.

Herr, zeige uns einen barmherzigen Menschen.
Herr, zeige uns einen gerechten Menschen.
Herr, zeige uns einen, der ein Hüter seiner Brüder ist.
Herr, zeige uns Christus
und hilf uns, ihm nachzufolgen. Amen.

## *Liebe einüben*

Wenn Liebe einen Weg meint, nicht ein Ziel, dann sind die einzelnen Schritte wichtig. So wie man einen Weg nur gehen kann, indem man einen Fuß vor den anderen setzt, so kann man nur lieben, indem man in vielen kleinen, alltäglichen Situationen Liebe übt.

Aber kann man denn Liebe einüben? Ich will konkreter fragen, so wie uns vielleicht Paulus gefragt hätte: Kann man es üben, nicht aus der Haut zu fahren, weil Liebe langmütig ist? Kann man es üben, den Gesprächspartner zu Wort kommen zu lassen, weil Liebe nicht eifert?

Kann man es lernen, nicht mitzulachen, wenn einer eine unglückliche Figur macht, weil Liebe nicht Mutwillen treibt? Kann man es trainieren, dem andern einen Gruß zu sagen oder zu schreiben, weil Liebe freundlich ist? Kann man lernen zu vergeben, auch wenn unser Stolz sagt, wir hätten es nicht nötig?

Liebe läßt sich doch nicht erbittern. Kann man es üben, nicht mit dem Kopf durch die Wand zu gehen? Liebe stellt sich doch nicht ungebärdig. Kann man es sich abgewöhnen zu sagen: Das Hemd ist mir näher als der Rock?

Liebe sucht doch nicht das Ihre. Kann man trotz mehrfacher Enttäuschungen noch auf einen Menschen setzen? Liebe hofft doch alles!

## *Hilfs-Zeit-Worte*

meine zeit ist eine zeit
deine zeit ist keine zeit
seine zeit ist keine zeit
feine zeit

ich teile meine zeit nicht
ich teile meine zeit nicht ein
ich teile meine zeit nicht aus
aber: wo bleibt sie dann
ich teile die zeit auch nicht mit
zeit ansagen kann ich nicht
ich weiß nicht, wem die stunde schlägt
und glaube, daß es erst fünf vor zwölf ist
ich habe eine zaghafte hoffnung
eine durch nichts gedeckte vermutung
heute ist besser
als die gute alte zeit
heute ist schöner
als die schöne neue welt

geld kann ich vermehren
zeit nicht
geld kann ich behalten
zeit kann ich nicht halten
zeit kann ich vertreiben
oder totschlagen
das größte rätsel ist:
ich verliere keine zeit
ich spare manchmal zeit
ich gewinne häufig zeit
ich habe keine zeit

früher glaubten sie an den satz
von der erhaltung der materie
heute glauben sie an den satz
von der erhaltung der energie
wer aber glaubt an den satz
von der erhaltung der zeit

meine zeit steht nicht
sie geht – sie vergeht
sie läuft – sie läuft ab
sie rinnt – sie zerrinnt
meine zeit steht nicht
aber
gibt es hier ein aber

ich aber spreche:
du bist mein gott
meine zeit steht
in deinen händen

ist das ein hilfs-zeit-wort?

## *Herr, wir wollen glauben*

Herr, wir wollen glauben, daß du lebst.

Aber wir rechnen nicht damit, dir zu begegnen. Wir haben keine Freude am Gespräch mit dir und werden unseres Glaubens nicht froh.

Herr, vergib uns unseren Unglauben!

Herr, wir möchten uns darüber freuen, daß du uns liebst.

Aber weil wir uns nichts schenken lassen wollen, weil wir zu stolz sind, in deiner Schuld zu stehen, verkümmert unsere Freude.

Herr, vergib uns unseren falschen Stolz!

Herr, wir wollen Zeugen sein für deine Liebe und deine Macht. Wir wissen, daß wir es dir schuldig sind.

Aber weil jeder seinen Namen für wichtiger hält als deinen Namen, bleiben wir stumm.

Herr, vergib uns und hilf zurecht!

## *Sein Haus hat offne Türen*

Komm, sag es allen weiter,
ruf es in jedes Haus hinein!
Komm, sag es allen weiter:
Gott selber lädt uns ein.

Sein Haus hat offne Türen,
er ruft uns in Geduld,
will alle zu sich führen,
auch die mit Not und Schuld.

Wir haben sein Versprechen:
er nimmt sich für uns Zeit,
wird selbst das Brot uns brechen.
Kommt, alles ist bereit.

Zu jedem will er kommen,
der Herr, in Brot und Wein.
Und wer ihn aufgenommen,
wird selber Bote sein.

Komm, sag es allen weiter,
ruf es in jedes Haus hinein!
Komm, sag es allen weiter:
Gott selber lädt uns ein.

## *Denn Du bist bei mir*

Wenn ich gute Tage erlebe, an denen mir voll eingeschenkt wird, dann weiß ich, wohin ich mit meiner Dankbarkeit gehen kann – denn Du, Herr, bist bei mir.

Wenn ich schwere Tage erlebe, an denen mir das Leben wie ein dunkles Tal vorkommt, weiß ich, wohin ich gehen kann mit meiner Klage – denn Du bist bei mir.

Wenn mich der Reichtum der Schöpfung, die grünen Auen und das frische Wasser glücklich macht, werde ich daran erinnert, wer sie geschaffen hat – denn Du bist bei mir.

Wenn ich die Bedrohung und Verwüstung der Natur sehe, merke ich, daß wir etwas zerstören, was uns nicht gehört – denn Du bist bei mir.

Wenn ich unzufrieden bin, wenn ich meine: was war, sei schöner, oder was kommt, sei wichtiger, dann werde ich daran erinnert: wichtig ist, womit ich mich gerade abgebe – denn Du bist bei mir.

Ich brauche mir nicht von den gängigen Parolen oder von Mehrheiten oder von sogenannten Sachzwängen das eigene Denken und die eigene Entscheidung abnehmen zu lassen – denn Du bist bei mir.

Ich will auch nicht so tun, als müßte ich ganz allein herausfinden, wo der richtige Weg und welches die richtige Entscheidung ist – denn Du bist bei mir.

Das ist die Mitte des 23. Psalms. Die Worte »Du bist bei mir« sind ein Gebet. Beten ist der Versuch, nicht nur über den Glauben zu reden, sondern den Glauben zu vollziehen.

## *Hochzeitsleute fasten nicht*

Als Jesus gefragt wurde, warum seine Jünger nicht fasten, im Unterschied zu den Anhängern des Johannes, sagte er: »Die Hochzeitsleute fasten nicht, wenn der Bräutigam bei ihnen ist. Es kommt aber die Zeit, da der Bräutigam von ihnen genommen wird. Dann werden sie fasten.«

Wo wir in der versammelten Gemeinde, im Wort oder Mahl seine Gegenwart glauben, ist nicht Zeit zu fasten, sondern Zeit zu feiern. Ob dann unsere Gottesdienste, unsere Messen und Abendmahlsfeiern zum Opium des Volkes werden? Ein weltweiter Karneval von Rio, das heißt, ein riesengroßes Ablenkungsmanöver von der Wirklichkeit?

Ich glaube das nicht. Denn, wenn unsere Festgottesdienste festlicher, unser Beisammensein im Gottesdienst glücklicher, unsere Lieder fröhlicher würden, bedeutet das ja nicht, daß Verantwortung und Engagement kleiner würden. Nur wer Konsequenz für die wichtigste aller christlichen Tugenden hält, kann dem Irrtum verfallen, man müßte die Lachenden auf den Mund schlagen, wenn man die Weinenden trösten will.

Wenn wir lernen, uns der Gegenwart Jesu wirklich zu freuen, dann würde uns seine Abwesenheit in manchen Situationen und an manchen Orten dieser Erde, die offensichtlich oder vielleicht auch nur vermeintlich von allen guten Geistern und von Gott verlassen sind, eher betroffen machen. Denn der Bräutigam hat sich doch wohl nicht freiwillig zurückgezogen. Er wurde – wie er selbst sagt – von denen, die zum Fest berufen sind, weggenommen, das heißt abgeschoben, in die Ecke gedrängt oder eben gekreuzigt.

# *Empfangen und weitergeben*

»Wir fürchten,
daß wir arm werden, wenn wir teilen,
und zu kurz kommen, wenn wir geben.
Öffne unsere Hände,
damit wir helfen!«

## *Gesundbrunnen*

Wir brauchen Wasser –
damit Weizen und Äpfel und Blumen wachsen,
damit Körper und Kleidung und Wohnung rein werden,
damit wir nicht verdursten.
Ohne Essen kommen wir lange aus.
Ohne Trinken nicht.

Viele brauchen das Wasser zur Genesung.
Gesundbrunnen –
das ist nicht nur ein Traum aus Märchen.
Gesundbrunnen –
ein sehr reales Geschenk der Natur,
ein Teil der Schöpfung Gottes,
von der gesagt wurde, daß sie sehr gut sei.

Heilung kann so im Wasser sein – Heil nicht.
Denn es gibt einen Durst nach Leben,
den man nicht durch Trinken stillen kann,
mit Heilbrunnen nicht, mit Alkohol erst recht nicht.

»Wie der Hirsch schreit nach frischem Wasser,
so schreit meine Seele, Gott, nach dir!
Meine Seele dürstet nach Gott,
nach dem lebendigen Gott.«

So sagt die Bibel. Und gemeint ist:
Tief in mir ist eine Sehnsucht
nach Leben und Geborgenheit, nach Liebe, nach Glück,
nach Hoffnung über den Tod hinaus.
Die ruft nach Erfüllung,
wie ein durstiges Tier nach Wasser.

Aber ich kann sie nicht erfüllen.
Ich bin nicht die Quelle des Heils,
eher ein Gefäß dafür.
Ich bin wie die Brunnenschale,
von der gesagt ist:
»Und jede nimmt und gibt zugleich.
Und strömt und ruht.«

Empfangen und weitergeben:
Das ist ein gutes Bild für das Leben.
Auch für den Glauben an Gott,
der die Quelle des Lebens ist.

## *In der Leistungsgesellschaft*

1. Ich bin so frei, etwas zu leisten. Etwas Ordentliches, vielleicht sogar etwas Überdurchschnittliches – das hängt davon ab, was für Gaben und wieviel Ehrgeiz ich mitbekommen habe.

Aber die Leistung ist kein Gott, das heißt Erfolg ist nicht dasselbe wie Erfüllung. Und der Sinn meines Lebens hängt nicht von der Größe der Todesanzeige und der Zahl der Nachrufe ab, die ich einmal bekomme. Wenn Gott mich nicht vergißt, dann muß nicht mein Lebenswerk um jeden Preis etwas Unvergeßliches sein.

2. Ich bin so frei, mich nicht auffressen zu lassen vom Wettlauf zum Gipfel des Erfolges. Viele Menschen glauben, nicht weniger leisten und verdienen zu dürfen als sie können. Das endet manchmal in einem Minderwertigkeitskomplex, häufiger in einem Herzinfarkt. Gott will aber nicht, daß wir uns umbringen, auch nicht auf die langsame Tour.

3. Ich bin so frei, nicht nur Leistungen oder gar Höchstleistungen, sondern Menschen zu sehen. Darum fordert es mich heraus, wenn mir z. B. alte Leute sagen, daß sie bald sterben wollen, weil sie jetzt, wo sie nichts mehr leisten, doch nur den anderen zur Last fallen.

Darum muß ich meinen Mund aufmachen, wenn ich merke, daß viele Leute viel mehr davon bewegt werden, ob irgendein prominenter Fußballspieler am nächsten Samstag spielen kann, als vom Unfalltod ein paar unprominenter Leute unserer Stadt.

4. Ich bin so frei, Zeit zu haben für einen anderen Menschen. Auch Zeit für ein Gespräch, bei dem nichts herauskommt. Ich bin so frei, Freundschaften für genauso wichtig zu halten wie Erfolge, und meine Familie für noch viel wichtiger.

5. Ich bin so frei, mir etwas leisten zu können. Und auch, wenn ich mir noch viel mehr leisten könnte, brauche ich nicht Angst zu haben vor dem Neid der Götter.

Damit ist freilich nicht gesagt, daß es mir gleichgültig sein kann, ob sich auch andere etwas leisten können. Dieses Betroffensein kann bei einer Sammlung der Inneren Mission sichtbar werden oder bei einer Selbstbesteuerung, genauso gut aber auf einer Gewerkschaftsversammlung. Ich bin so frei zu geben, auch so frei, mir den Mund zu verbrennen.

6. Ich bin so frei, nicht zu verzweifeln, wenn meine Leistungen nachlassen, weil ich krank bin oder alt werde. Es mag sein, daß unsere Zeit für solche Leute nur noch eine Statistenrolle übrig hat. Es mag sogar sein, daß man dann sagt: »Du kannst gehen!« Aber ich weiß, daß Christus gerade zu diesen Leuten gesagt hat: »Kommt her zu mir!«

## *Nehmen und geben*

In meiner Heimat sagen die Leute manchmal: »Ich bin so frei!« Bezeichnenderweise sagen sie es immer nur, wenn sie etwas nehmen: ein Trinkgeld oder das dritte Stück Kuchen.

Christen werden daran erinnert, daß sie nicht nur so frei sind zu nehmen, sondern sogar so frei sind zu geben. Sie wissen, daß sie von Gott viel zu erwarten haben. Sie sollen auch wissen, daß Gott viel von ihnen erwartet und große Hoffnungen auf sie setzt.

»Früchte des Geistes« erwartet er, sagt Paulus und nennt sie auch mit Namen: Liebe, Freude, Friede, Geduld, Freundlichkeit, Güte, Treue, Sanftmut, Selbstbeherrschung. Er sagt Gott sei Dank nicht, das seien unsere Werke oder unsere Tugenden. Er sagt, das seien Früchte.

Früchte werden nicht gemacht. Früchte wachsen.

## *Gedanken zum Muttertag*

Als ich in der Schule nach dem 4. Gebot fragte, sagte mir ein Zehnjähriger im Brustton der Überzeugung: »Vater, du sollst deine Mutter ehren!« Ich habe ihm erklärt, daß der Wortlaut des Gebotes anders ist: »Du sollst deinen Vater und deine Mutter ehren.«

Aber dann erklärte ich den anderen in der Klasse, daß der Versprecher haarscharf ausgedrückt hat, was das Gebot eigentlich meint. Keines der zehn Gebote ist ein Kindergebot. Auch dieses 4. Gebot schützt nicht die – sowieso stärkeren – Erwachsenen vor den schwächeren Kindern, sondern die schwächeren Alten vor den stärkeren Erwachsenen.

Also doch: »Vater, du sollst deine Mutter ehren!« Ein wenig einseitig ist es vielleicht, aber falsch ist es nicht. Und unnötig ist es auch nicht.

Denn wir werden heute im Durchschnitt zwar älter als unsere Großeltern – aber wir wissen nicht mehr wozu. Wir leben, um zu arbeiten, um etwas zu leisten, um Geld zu verdienen. Und das fällt mit einem Mal weg. Und dann?

Ich habe gelesen: »Die Rolle der Rentner ist es, keine Rolle zu spielen.« Früher meinten sie, die Alten können ihre Erfahrungen weitergeben. Aber was ist, wenn keiner da ist, der zuhört? Über zwei Drittel der alten Menschen leben allein oder mit dem Ehepartner zusammen. Welchen Jüngeren soll man da seine Lebenserfahrungen erzählen?

»Du sollst deinen Vater und deine Mutter ehren«, sagt das Gebot. Und die Realität? Eine Altenpflegerin erzählt mir: »26 alte Leute sind auf meiner Station. Nur eine einzige Tochter kümmert sich wirklich um ihre Mutter. Ein paar andere kommen am Monatsanfang vorbei und holen das Taschengeld der Alten ab. Am schlimmsten ist es, wenn sie sagen: Also, wie Sie das aushalten, den ganzen Tag mit denen! Dabei sind viele unserer Patienten so prima Leute.«

Ehre Vater und Mutter. »Ehren« hat in der Sprache der Bibel immer mit Gott zu tun, ganz direkt. Die Arbeit und der Lohn und die Leistung und der Besitz machen die Ehre eines Lebens nicht aus. Aber, daß er ein Mensch ist, einer, mit dem

Gott seine Ehre teilt, das macht ihn wichtig und wertvoll.

Zum Beispiel: Gott hat mit meinen Eltern die Ehre geteilt, Leben zu schenken. Daß ich bin, verdanke ich Gott und meinen Eltern. Daran ändert sich nichts, auch wenn ich 60 sein werde und meine Mutter über 80. Daran ändert sich erst recht nichts, wenn die alten Menschen schwächer werden, zerbrechlicher, vielleicht auch schwieriger.

Nun ist wieder Muttertag. Den Müttern Blumen schenken, ihnen ausnahmsweise Haushaltsarbeiten abnehmen, das Frühstück ans Bett bringen, sogar, wenn sie das gar nicht mögen – das alles sind hübsche Gesten. Die Mütter, die nicht mehr bei den Kindern wohnen, zu grüßen, anzurufen oder zu besuchen, ist gut. Aber ehren ist mehr.

Ehren ist nicht nur ein Feiertagsprogramm. Ehren fängt im Kopf an, mit dem Denken. Solange ich noch denke, ein Mensch ist so viel wert, wie er leistet, solange wird mit dem Ehren nicht viel. Da hilft auch ein besonderer Ehrentag nicht. Für mich fängt es so an, daß ich glaube: Der andere Mensch, der junge und der alte, ist von Gott so hoch geschätzt wie ich.

Du sollst deinen Vater und deine Mutter ehren. Ich bin fest davon überzeugt, daß wir uns selber einen guten Dienst erweisen, wenn wir dieses Gebot nicht vergessen.

## *Für einen guten Zweck*

Draufgebracht hat mich beim Besuch eines Gottesdienstes im Urlaub ein Kollege. Er war auch nur zur Vertretung da. Er sagte die Bitte um Spenden am Ausgang so an: »Die Mesnerin hat mir auf die Seele gebunden, die Kollekte nicht zu vergessen. Also ...« Das heißt: Von mir aus würde ich ja nichts dazu sagen, aber ...

Mir fällt in evangelischen Gottesdiensten ein sonderbares Abweichen von einem normalen Mittelweg auf:

Entweder ist man, wenn es ums Geld geht, furchtbar verschämt. Am liebsten würde man vornehm sein und von so etwas Gewöhnlichem wie Geld innerhalb des feierlichen oder stimmungsvollen oder wenigstens andächtigen Rahmens gar nicht reden. Und, damit klar wird, daß es nicht nur ein Problem von Pfarrern ist: man möchte auch gar nichts davon hören. »Das Gerede vom Geld nach der Predigt reißt einen jedesmal aus der schönsten Andacht.«

Nicht nur ein protestantisches Gemüt reagiert so. Oder so ähnlich. Also: totschweigen. Oder wenigstens so weitgehend wie möglich. Sich distanzieren: »Zur heutigen Kollekte wird uns folgendes geschrieben ...«

Das andere Extrem: Man tut so, als sei es die Hauptsache. Die Stimme dessen, der die Sammlung ankündigt, wird beschwörend, wird eindringlich – oder was dafür gehalten wird. Der Kollektenzweck wird buchstäblich »ins Gebet genommen«. Auf dem Umweg über die Anrede an Gott werde ich noch einmal weich gemacht.

Stilblüten bleiben nicht aus: »Herr, laß eine reiche Kollekte fließen für Bihar, das, wie du weißt, in Indien liegt und wo eine so große Trockenheit herrscht.«

Warum geht es eigentlich nicht anders? Weder verschämt noch vergeistigt? Wenn der Zweck, für den ich bitte, etwas taugt, dann kann ich mich doch hinstellen und sagen: »Freunde, dafür sammeln wir heute. Der Zweck ist gut. Das Projekt kostet so und so viel. Das macht pro Person 20 Mark. Und wenn wir es heute nicht zusammenbringen, sammeln wir noch einmal!«

Früher gab es einmal sogenannte »Heischebräuche«. Im Fasching oder auch, wenn die Heiligen Drei Könige singend von Haus zu Haus zogen. Wer nichts gab, wurde mit Ruß beschmiert oder an den Türpfosten gebunden. Eine der heiligen Kühe des Abendlandes wurde – wenigstens für kurze Zeit, wenigstens vorübergehend – nicht mehr respektiert. Die heilige Kuh, die heißt: Was mein ist, ist mein und geht dich nun wirklich gar nichts an.

Der bei uns übliche Klingelbeutel ist anders. Demütiger. Diskreter. Sogar die kleine Glocke, die unten dranhing, ist abgeschnitten worden. Sie ist zu aufdringlich, meinten viele. Und der Vorschlag, den mir einmal ein junger Kaufmann machte, hat sicher gar keine Chance. Er sagte: »Ich würde Netze durch die Bänke reichen, so daß Groschen und 50-

Pfennig-Stücke gleich wieder unten rausfallen! Ich würde den Leuten schon deutlich machen: Bei diesem Projekt könnt ihr das Kleingeld ruhig behalten.«

Nein, das hätte keine Chance. Denn so, wie das Abendmahl geschrumpft ist zu einem symbolischen Essen, einem Ritual, bei dem es praktisch nichts zu essen gibt, so ist die Sammlung, das »Opfer«, das »Dankopfer«, wie es auch heißt, verkümmert zu einer Geste, zu einem Ritual wie Aufstehen oder Händefalten. Es gehört eben dazu. Also geben wir etwas. Regelmäßig, aber mäßig.

Sollte man nicht immer wieder einmal statt der routinemäßigen Ankündigung einer der üblichen Kollekten einfach sagen: »Am letzten Ersten haben viele von euch sich wieder wie selbstverständlich ihre Kirchensteuer vom Gehalt abziehen lassen. Manche einen recht ansehnlichen Betrag. Dafür sage ich dankeschön. Soviel für heute zum Geld.« – Dann könnte man vielleicht ein andermal ebenso freundlich und deutlich bitten und präzise angeben, wieviel und wofür Geld erbeten wird.

Geld ist weder das Wichtigste noch etwas Unanständiges. Teilen hat in der Christenheit Tradition. Es ist eine gute Tradition. Wir brauchen sie nicht zu verbrämen, wir brauchen uns ihrer nicht zu schämen. Wir sollten sie aber nicht verkümmern lassen.

## *Lieblos*

Herr, unser Gott,
wir haben so wenig Interesse an der Not der Menschen in deiner Welt, weil wir da nur Unangenehmes und Häßliches erfahren. Lehre uns bedenken, warum sie sterben müssen, auf daß wir klug werden.

Vergib uns, daß wir taub sind, Herr.
Öffne unser Ohr, damit wir hören.

Herr, unser Gott,
wir bekennen dir unsere Vorurteile. Wir finden es in Ordnung, daß es uns besser geht als anderen. Wir finden es in Ordnung, wenn die Schuld für das Elend den Elenden selber zugeschoben wird.

Vergib uns, daß wir blind sind, Herr.
Öffne unsere Augen, damit wir sehen.

Herr, unser Gott,
wir haben Angst und schweigen, wo wir reden sollten. Wir fragen, was die Leute dazu sagen. Wir fragen nicht, was du dazu sagst. Wir tun so, als sei das Übliche das Richtige.

Vergib uns, daß wir stumm sind, Herr.
Öffne unseren Mund, damit wir rufen.

Herr, unser Gott,
wir sind radikal im Denken, aber zaghaft im Handeln. Wir fürchten, daß wir arm werden, wenn wir teilen, und zu kurz kommen, wenn wir geben. Darum strafen unsere Hände unsere Worte Lügen.

Vergib uns, daß wir träg sind, Herr.
Öffne unsere Hände, damit wir helfen.

Herr, unser Gott,
du willst nicht, daß Menschen überhört und übersehen und übergangen werden. Du willst, daß Liebe unter den Menschen ist. Aber uns steht das eigene Glück nahe und das der anderen fern.

Vergib uns, daß wir so lieblos sind, Herr.
Öffne unsere Herzen, damit wir lieben.
Amen.

## *Gib du uns Augen*

Herr, gib du uns Augen, die den Nachbarn sehn,
Ohren, die ihn hören und ihn auch verstehn,
Herzen, die sich freuen, wenn ein andrer lacht,
einen Mund zu reden, was ihn glücklich macht.
Kyrie eleison!

Hilf, daß unsere Hände lernen, wie man teilt,
daß der Fuß nicht zögert, wenn die Hilfe eilt;
daß nicht unser Denken um uns selber kreist,
daß dich unser Lied und unser Leben preist.
Kyrie eleison!

## *Wenn sie an unsere Tür klopfen*

Seit über einem halben Jahr erlebe ich aus unmittelbarer Nähe mit, wie das ist, wenn jemand als Flüchtling zu uns kommt und um Asyl bittet. Bekannte aus einem Land des Ostblocks hatten ihre Heimat verlassen, ohne Eltern oder Freunden etwas zu sagen, ohne irgend etwas außer Urlaubsgepäck mitzunehmen.

Sicher, ihr Leben war nicht unmittelbar bedroht. Aber die Berufsausübung war beeinträchtigt, sehr sogar. Parteieintritt sollte erzwungen, religiöse Kindererziehung ausgeschaltet werden. Sie meinten, nicht mehr atmen zu können. Sie flohen.

Sie baten in der Bundesrepublik um Asyl. Die Bundesrepublik hat ein gutes Grundgesetz. Artikel 16 sagt: »Politisch Verfolgte genießen Asylrecht.« Ich vermute, daß die Väter dieses Grundgesetzes genau wußten, wovon sie redeten. Ich vermute, daß sie aus eigener Anschauung oder von Freunden wußten, wie das ist: Flüchtling sein, nicht in die Heimat zurückkehren können, an fremde Türen klopfen müssen, abgewiesen werden: Unser Haus ist voll. – »Das Boot ist voll«: Das ist wirklich nicht nur Kino gewesen.

Ich vermute weiter: Die Väter des Grundgesetzes wollten, daß Flüchtlinge nicht vergebens an unsere Türen klopfen.

Darum ist Artikel 16 da. Er gilt noch. Ich habe das erlebt. Unsere Bekannten sind inzwischen anerkannt.

Ich habe aber in dem halben Jahr noch mehr erlebt. Auf unser Grundgesetz können wir stolz sein, meinte ich. Es ist geeignet, aus unserem Land eine Insel der Freiheit und des Rechtes zu machen. Auf seine Handhabung aber können wir nicht so stolz sein.

Ich habe gelesen, daß tschechische Flüchtlinge an bayerischen Grenzen gleich wieder zurückgeschickt wurden. Ich habe gelesen, daß Asylbewerber nicht anerkannt wurden, weil sie bereits »anderweitigen Schutz vor Verfolgung gefunden« hätten: Iraner waren nach der Flucht aus ihrer Heimat drei (!) Tage in der Türkei, bevor sie in die Bundesrepublik kamen.

Ich las auch von einer Flüchtlingsfamilie, von der nur der Mann anerkannt wurde, die Frau und die Kinder nicht. Ich las schließlich: Folter sei »asylrechtlich nicht relevant«.

Ich habe selber erlebt, wie Asylbewerber von Beamten behandelt werden. Gewiß nicht von allen, auch nicht von der Mehrheit. Ich habe es erlebt, weil man mich auf Ämtern auch für einen Asylanten hielt. Die Verwandlung eines Beamten, als er erfuhr, daß ich evangelischer Pfarrer sei und nicht in eigener Sache käme, war nachgerade peinlich.

Ich habe auch mitbekommen, wie manche Leute mit unserem guten Asylrecht und den daraus resultierenden sozialen Verpflichtungen des Staates miese Geschäfte machen. Ich habe einen kennengelernt, der sich an der Unterbringung und Verpflegung von Asylanten goldene Nasen verdient, aber an der Milch für die Kinder gespart hat. Da läuft manches, was den Zorn in einem hochsteigen läßt.

Ich habe in diesem halben Jahr vor allem etwas von der Angst vor Fremden erfahren. In vielen Gesprächen, mit Nichtchristen oder Christen, kam etwas davon zum Ausdruck. Einer unserer Politiker sagte es so: »Wenn wir auch morgen erstklassig bleiben wollen, müssen wir uns heute anstrengen, nicht ein sterbendes Volk in einem überfremdeten Land zu werden.« Was heißt das im Klartext? »Kanaken raus«? – Und wer, bitte, sind dann die Zweitklassigen?

Die Angst vor Fremden, vor »Überfremdung« sitzt tief. »Bald wird es hier mehr Afghanen und Vietnamesen und Tschechen geben als Deutsche.« Es ist schwer, auf der rationalen Ebene weiterzukommen. Ich sage: »In den letzten 30 Jahren sind ganze 100 000 Asylbewerber anerkannt worden!« Ich sage: »Das macht auf 1000 Deutsche noch nicht einmal 2 Asylanten.«

Ich sage: »Nur ungefähr jeder 30. Ausländer in unserem Land ist politischer Flüchtling mit abgeschlossenem oder laufendem Verfahren.« Ich sage auch: »Andere, kleinere und ärmere Länder haben sehr viel mehr Flüchtlinge aufgenommen.«

Aber alle Argumente helfen wenig. Trotzdem behaupte ich zum 50. Male: Wenn es ein Ausländerproblem gibt, hat es seine Wurzeln woanders, nicht im Artikel 16 des Grundgesetzes. Das Grundgesetz ist gut, seine Praktizierung läßt zu wünschen übrig. Seine Verankerung in unserem Denken erst recht.

An dem Punkt, im Denken, sollte es eine Wende geben, denke ich. Der Anfang könnte bei den Christen geschehen, in den Kirchen. Nicht nur deshalb, weil das Asylrecht ursprünglich einmal tief in der Religion verankert war. Auch deshalb, weil die Bibel in dieser Frage eindeutig ist, von vorn bis hinten: vom Ausländerrecht im Alten Testament bis zur geforderten Gastfreundschaft im Neuen Testament. »Einerlei Gesetz und einerlei Recht soll gelten für euch und für den Fremden, der bei euch wohnt.«

Gilt das noch, wenigstens unter Christen? Ist die Bibel noch in Kraft, wenigstens in der Christenheit?

## *Mehr geben, als man hat?*

Da saßen sie also eines schönen Abends: ein paar Männer sind dabei, die Frauen sind in der Überzahl, alles Eltern von Kindern, die den evangelischen Kindergarten besuchen. Der Vorschlag, einmal über »religiöse Kindererziehung« zu reden, war gar nicht von der Leiterin gekommen, sondern von den Eltern. Die Leiterin griff den Vorschlag auf und besorgte einen theologisch und pädagogisch versierten Referenten.

Es kam viel zur Sprache. »Wenn das Kind fragt: ›Wo ist die Oma jetzt?‹, was soll man sagen? Im Himmel? Beim lieben Gott? Oder einfach: Weg? Unter der Erde?« – »Soll man mit dem Kind beten? Was? Wie?« – »Meines hat gefragt: ›Warum haben die Jesus angenagelt? Tut das nicht weh? War er so böse? Warum waren die so böse?‹« – »Und wie sieht Gott aus? Und wo wohnt er?«

Manchmal hat man den Eindruck, die Fragen der Kinder sind nur vorgeschoben. Eigene Probleme und Zweifel kommen zur Sprache, auf die die Erwachsenen gerne eine Antwort hätten. Oder wenigstens: über die sie gerne reden möchten. Denn normalerweise ist es doch tabu, über Gott, über Christus, über den Glauben, über das Beten zu sprechen.

Der Leiter versteht sein Geschäft. Nach allen Regeln der Kunst hält er das Gespräch in Gang, sortiert die Beiträge, ordnet die Fragen, präzisiert sie, spiegelt sie, wie man sagt. Er gibt sie auch an die Runde weiter: »Was meinen denn die anderen?« Er bezieht die Teilnehmer aufeinander: »Das bestätigt jetzt, was Frau X vorhin sagte. Frau X hatten Sie es genauso gemeint?«

Er bringt den Leuten sogar bei, daß man nicht »man« sagen soll, sondern »ich«. Und daß keiner den anderen interpretieren soll, nichts hineinlegen in das, was der andere sagt.

Er nimmt sich zurück. Das ist wohl der richtige Ausdruck dafür, wenn einer seine eigene Meinung nicht für so wichtig hält. Oder für so unwesentlich, daß er sie erst gar nicht sagt.

Aber die Teilnehmer halten sie offenbar für wichtig. Sie wollen nicht bloß geordnet, zugeordnet, bezogen werden. Sie sind nicht gekommen, um Methoden zu erleben, sondern um einen Inhalt zu erfahren. Sie bedrängen ihn: »Nun sagen Sie doch, was Sie denken!«

Er gibt eine Antwort: »Die Hauptsache ist Ehrlichkeit. Wenn Sie meinen, die Oma ist im Himmel, sagen Sie es. Wenn Sie meinen, sie ist einfach nicht mehr da, sagen Sie es. Wenn Sie allein beten, beten Sie auch mit dem Kind. Wenn Sie nicht beten, lassen Sie es. Und: Nichts sagen, was Sie später zurücknehmen müssen.« Das Fazit heißt: »Niemand kann mehr geben, als er hat.«

Das klingt sehr einleuchtend, fast wie eine Binsenwahrheit: Niemand kann mehr geben, als er hat. Aber ich meine, es ist nicht wahr.

Ich gebe zum Beispiel weiter, was ich gar nicht begriffen habe. Vielleicht begreift es der andere besser, vielleicht ergreift er es nur, das ist auch genug. Wäre es anders, dürfte ich kein Abendmahl mehr halten.

Ich gebe weiter, was gar nicht mein Besitz ist. Ich bin nur so etwas wie ein Zwischenträger. Ich bete mit einem Kranken einen Psalm, der nicht von mir stammt, dessen Glaube vielleicht sogar eine Nummer zu groß ist für mich. Ich gebe Kindern ein Lied weiter, das ich nicht gedichtet habe, dessen Bilder mir nie eingefallen wären. Kann sein, sie wachsen hinein. Ich nie.

Ich raffe mich zu einer Hilfeleistung auf. Eigentlich ist es nur eine Gefälligkeit, eine Freundlichkeit. Der andere macht etwas Größeres daraus, etwas Wichtiges. Zum Geben gehören zwei: einer, der gibt, und einer, der nimmt. Und beide zusammen erst bestimmen die Größe und den Wert der Gabe. Wem ist noch nie passiert, daß einer sagt: »Sie haben mir sehr geholfen.« Und man fragt sich: Womit eigentlich?

»Niemand kann mehr geben, als er hat.« Aber: den Glauben, das Gebet, das Vertrauen »hat« man eben nie so, wie man Haare hat – oder keine mehr, wie man Zähne hat – oder Brücken. Wer zu glauben versucht, glaubt. Wer zu beten versucht, betet. Wenn einer es einem anderen zuliebe versucht, dann ist das auch kein schlechter Anfang.

Im »Tagebuch eines Landpfarrers« von Bernanos bedankt sich eine Dame: »Sie haben mir den Glauben wiedergegeben.« Der Landpfarrer wundert sich: Wie kann einer geben, was er gar nicht hat? Und er schreibt in sein Tagebuch: »O Wunder der leeren Hände.«

Das ist, so meine ich, keine Phrase. Aber George Bernanos wird heute kaum mehr gelesen. Schade!

## *Mit Fehlern umgehen*

Ich glaube, daß Gott mich liebt. Aber nicht deshalb, weil ich es verdient habe oder gar, weil ich fehlerfrei bin. Er liebt mich, weil er mein Vater ist. Ich muß dann auch nicht in einer Gesellschaft von Fehlerfreien leben. Ich kann anderen zugestehen, was ich selber empfangen habe: Vergebung.

Andere festnageln auf ihr Versagen, Schuld ans Licht zerren und festschreiben, das ist das Geschäft, das ein anderer betreibt. Er heißt in der Bibel »Ankläger« oder »Verkläger«. Das hebräische Wort dafür heißt »Satan«. Sein Werk sollen wir nicht tun, denn, wer Menschen schlecht macht, hindert sie daran, gut zu werden. Wem dauernd eingehämmert wird, daß er nichts taugt, der taugt am Ende wirklich nichts mehr.

Wer aber glaubt, daß er ein Kind Gottes ist, kann zu den eigenen Kindern nicht sagen: »Wer einmal lügt, dem glaubt man nicht, und wenn er auch die Wahrheit spricht.« Das ist satanisch.

Wer glaubt, daß er ein Mitarbeiter Gottes ist, kann nicht zu einem Mitarbeiter sagen: »Bei mir macht man nur einmal einen Fehler.« Das ist satanisch.

Wer glaubt, daß Gott ihm vergeben hat, wird auch nicht mehr sagen können: »Ich habe mir nichts vorzuwerfen.« Denn er weiß, daß Gott uns nicht nur das Böse vergeben muß, das wir tun, sondern viel mehr das Gute, das wir unterlassen.

Wir sind Menschen, die Fehler machen. Wir sind Menschen, die Fehler zugeben dürfen. Wir sind Menschen, die Vergebung brauchen. Wir sind alle gleich. Darum schreibt Paulus: »Wenn unter euch ein Mensch von einem Fehler übereilt wird, dann helft ihm freundlich zurecht.«

# *Zeit der Stille*

»Meine Vermutung ist,
daß wir die Sprache
für die wesentlichen Worte
eher wiedergewinnen,
wenn wir schweigen,
wenn wir öfter still sein können.«

## *Herr, schaff Schweigen*

Der Urlaub hatte möglich gemacht, was sonst nie möglich ist – ein Tag allein, im Boot auf einem See. Niemand ist da, mit dem man reden kann. Oder muß. Es ist still. Bevor die Tage wieder laut werden, will ich die Erfahrung festhalten, übers Stillsein nachdenken.

Schweigen kann viele Gründe haben. Es kann heißen: Ich wende mich von jemand ab, wenn ich ihm einen Gruß nicht erwidere. Es kann heißen: Ich bleibe vom anderen Menschen getrennt, wenn ich etwa nach einem Streit das erste Wort nicht wieder finde. Es kann heißen: Ich habe Angst und will mir den Mund nicht verbrennen. Es kann anzeigen, daß ich ratlos bin, weil ein Kummer so groß ist, daß er mir die Sprache verschlägt. Es kann einfach bedeuten, daß ich allein bin und keinen habe, mit dem ich reden kann.

Viele Gründe für das Schweigen sind nicht erfreulich. Wir reden vom peinlichen oder lähmenden oder trotzigen oder eisigen Schweigen. Wir reden nicht vom glücklichen oder dankbaren oder teilnehmenden Schweigen. Es klingt so, als ob Schweigen überhaupt nicht gut wäre.

Sicher, es gibt neben uns Menschen, deren Tag so einsam ist, daß sie es als Geschenk empfinden, wenn einer kommt und ihnen zuhört. Sicher, es gibt Ehen und Familien, in denen die Partner einander nicht zuviel, sondern zuwenig sagen. Aber um die meisten Menschen herum ist eine Unmenge an Worten und verheerender Lärm. So viel, daß ich den folgenden Stoßseufzer auch zu meinem machen könnte.:

»Schaff Schweigen, hilf anderen zum Schweigen! Der Mensch, dieser gerissene Kopf, ist wie schlaflos geworden, um immer neue Mittel zu erfinden, den Lärm zu vermehren und ihn im größtmöglichen Maßstab zu verbreiten. – Das Umgekehrte ist bald erreicht. Die Mitteilung ist schon bald auf dem tiefsten Punkt der Inhaltslosigkeit angelangt und gleichzeitig haben die Mitteilungsmittel das Höchste erreicht in Richtung auf hastige und alles überschwemmende Ausbreitung. Und: Was hat größere Ausbreitung als das Gewäsch? Oh, schaff Schweigen!« (Sören Kierkegaard)

Manchmal kommt es mir vor, als seien diese Worte in unserer Zeit und in meiner Umgebung noch viel angebrachter als in Dänemark vor 135 Jahren, wo sie geschrieben wurden.

Aber, ist Schweigen eigentlich lernbar? Aus dem Fernen Osten kommen Moden und Methoden der Meditation auf uns zu, die viel mit Schweigen zu tun haben. Mein Eindruck ist allerdings, sie schließen uns nicht auf, sondern ab.

Ist Stille herstellbar? Manche Umweltschützer wollen ja nicht nur dem Schmutz und dem Gift zuleibe rücken, sondern auch dem Lärm. Das ist ohne Frage ein segensreiches Unternehmen, denn Krach macht wirklich krank. Aber Schweigen ist auch nicht nur durch die Phonzahl zu bestimmen.

Wo werden wir ein Schweigen lernen, das uns nicht abkapselt sondern aufschließt, bei dem wir nicht leer werden, sondern das Wesentliche in den Sinn bekommen? Brauchen wir nicht Denkpausen in unserem eiligen Leben?

Ab und zu muß einer doch auch für die Frage Zeit haben, was er eigentlich macht – außer älter werden! Ob die kleinen Zwangspausen, die uns unser Alltag liefert, im Fahrstuhl oder vor der roten Ampel, dafür ausreichen, wage ich zu bezweifeln.

Aber warum kann man eigentlich Zeit für Stille, fürs Denken, für die Konzentration oder für das Gebet nicht genauso einplanen wie Zeit für das Zähneputzen oder für die Morgengymnastik? Vielleicht zwei Minuten vor dem Frühstück oder drei Minuten nach dem Mittagessen?

Damit kein Mißverständnis aufkommt: Ich meine damit gar nicht ein großartiges Training nach Zen- oder Maharishi-Methoden. Ich rede hier nicht von Meditation, sondern nur davon, daß wir uns ab und zu an die originelle Beweisführung eines Schwaben erinnern könnten, der behauptet hat: »Daß wir mehr hören als reden sollen, sieht man schon daran, daß der liebe Gott den Menschen zwei Ohren mitgegeben hat, aber nur einen Mund.«

Ich kenne Leute, die nehmen sich regelmäßig ein paar Minuten Zeit am Tag zum Nachdenken. Ich kenne andere, die halten ein ganzes »Stilles Wochenende« – allein oder in einer Gruppe. Mein Ausgangserlebnis war ein Urlaubstag, den ich mit mir allein verbracht habe. Ob das alles altmodisch ist? Und was ist dann modern?

Zu sagen bleibt ja immer noch genug – das banale Wort, das den Alltag regelt, das witzige Wort, das den Alltag aufbricht. Zu sagen wären auch die wichtigen Worte, die oft ungesagt bleiben: »Fürchte dich nicht!« oder »Ich liebe dich!« oder »Fang noch einmal an!« oder auch »Hier mache ich nicht mehr mit!« Meine Vermutung ist, daß wir die Sprache für die wesentlichen Worte eher wiedergewinnen, wenn wir schweigen, wenn wir öfter still sein könnten.

## *Staunen können*

Manchmal bedauere ich, daß ich nicht mehr staunen kann wie ein Kind. Daran, daß ich es immer weniger kann, merke ich, daß ich alt werde. Es gab eine Zeit, da beeindruckten mich die nie zur Ruhe kommenden Wasser eines Baches, die Größe eines Berges, die Kraft eines Motors. Beim ersten Kuß bekam ich Herzklopfen, beim fünften war ich schon viel abgebrühter. Zur Übertragung der ersten Mondlandung standen wir nachts auf. Bei der dritten bereits blieb der Fernseher kalt, der Schlaf war wichtiger.

Die Informationen über die elektronische Datenverarbeitung faszinierten mich. Heute vergleiche ich die Preise der Taschenrechner in den verschiedenen Kaufhäusern. Als zum erstenmal eine Aktion »Brot für die Welt« durchgeführt wurde, haben mich Bilder und Zahlen erschüttert, inzwischen bin ich nur noch betroffen.

Viele Leute sagen: Man gewöhnt sich an alles. Aber ich möchte mich nicht an alles gewöhnen, nicht mit allem abfinden. Bloß – wie mache ich das?

Aus Wiederholung wird so schnell Gewöhnung, aus meinem Alltag leicht Routine. Fast alles ist schon einmal dagewesen. Neugierde verschwindet, Langeweile zieht ein. Wie soll einer staunen, der alles schon kennt? Wie soll sich einer wundern, der den Zweck und die Preise weiß? Wie soll man ein Geheimnis stehen lassen, wenn man zu wissen meint, wie es funktioniert?

»Wunder gibt es immer wieder« – das gilt wohl leider nur für den Schlager. In unserer Wirklichkeit haben die Planer das Wort, die Macher, die, die das Vorhersehbare, das Vorausberechenbare kühl angehen. Wir planen kurzfristig, mittelfristig, langfristig.

Von einem Mann der Stadtverwaltung habe ich mir sagen lassen: Unter mittelfristig versteht man alles bis etwa um das Jahr 2010. Überraschungen sollen dabei möglichst ausgeschlossen bleiben. Wunderbares ist nicht planbar. Was also soll einer machen?

Vielleicht fängt das Staunen damit an, daß ich erkenne, wie wenig ich letzten Endes weiß und kann. Ich weiß nicht, was einen Weizenhalm zum Wachsen bringt oder warum ein Mensch einen anderen mag. Ich habe eigentlich keine Worte zur Verfügung, um zu beschreiben, wie ein Apfel schmeckt oder wie ein Veilchen riecht.

Ich weiß noch mehr nicht. Es gibt einen alten Vers, der lautet: »Ich komm, ich weiß nit woher. Ich bin, ich weiß nit, wer. Ich geh, ich weiß nit, wohin. Mich wundert, daß ich fröhlich bin«.

Ich sollte – ich könnte mich über vieles wundern. Weil das Wichtigste nicht machbar ist, vielleicht nicht einmal verstehbar. Ich könnte staunen über die Freundschaft meiner Freunde und die Liebe meiner Frau. Ich könnte staunen über den Mond und das Meer, über den Geschmack des Brotes und das Aussehen einer Blume. Ich könnte staunen über den alten Mann, der seit Jahren seine kranke Frau pflegt, ohne zu klagen.

Ich könnte staunen über die Unbekümmertheit, über den Mut, mit dem junge Menschen neue Lebensformen ausprobieren. Ich könnte auch staunen über die Schönheit einer Musik, die leuchtenden Farben eines alten Bildes, die Einfachheit eines Gedichtes, das sich in 200 Jahren nicht abgenutzt hat.

Wenn ich lerne, über das zu staunen, was Menschen geschaffen haben, werde ich vermutlich auch staunen, wie groß Gott ist, der Sie und mich geschaffen hat.

Ich denke, daß mein Leben nicht ärmer, sondern reicher

wird, wenn ich merke: Es sind da noch einige Geheimnisse, die ich nicht enträtseln muß und nicht verstehen kann. Ich denke, daß ich weniger oberflächlich lebe, wenn ich es fertig bringe zu staunen.

## *Das wirkliche Leben*

Die Geschichte, die ich Ihnen mitgeben möchte, ist erdichtet. Aber wenn es wahr ist, daß Dichtung, wenn sie gut ist, die Wirklichkeit verdichtet, dann ist die Legende von den beiden Mönchen gut. Urteilen Sie selbst:

»Zwei Mönche fanden in einem alten Buch die Verheißung, daß am Ende aller Straßen, da, wo Himmel und Erde sich berühren, die Tür zum Reiche Gottes sei. Wer dort mit reinen Händen anklopfe, dem werde aufgetan, und er dürfe eintreten in Gottes Gegenwart und Gottes Herrlichkeit.

Die beiden erbaten sich Urlaub und zogen los. Über viele Straßen wanderten sie, ertrugen Hunger und Kälte und die anderen Beschwernisse des Weges. Sie wurden müde, und sie wurden alt, aber eine große Sehnsucht trieb sie weiter.

Und endlich waren sie am Ziel: Vor sich sahen sie die Tür zum Reiche Gottes. Sie reinigten sich gründlich, sieben Tage lang, dann klopften sie an. Es wurde geöffnet. Zaghaft, wie Kinder, faßten sie sich an den Händen, schlossen die Augen und traten über die Schwelle. Als sie die Augen auftaten, waren sie zu Hause in ihrer eigenen Zelle. Auf dem Tisch lag die aufgeschlagene Bibel, und die Glocke läutete zum Mittagsgebet.«

Warum ich die Geschichte für wahr halte? Weil auch ich oft das eigentliche, das wahre und wirkliche Leben vor mir oder hinter mir oder neben mir suche – nur nicht da, wo ich selber gerade bin.

Ich suche es in der Vergangenheit: Als ich Kind war und so geborgen im Elternhaus – als ich in der Schule Erfolg hatte und mich so darüber freuen konnte – als ich mich verliebte und so überzeugt war, meine Frau und ich würden alles anders, besser machen – als ich mich auf meinen Beruf vorbereitete, den Kopf voller Ideen und Ideale ... ja, damals.

Ich suche es noch öfter in der Zukunft: Wenn erst die Schule geschafft, wenn erst das Studium abgeschlossen ist, wenn ich erst selber Geld verdiene, wenn ich erst eine eigene Familie habe, wenn erst das erreicht, jenes verändert, ein drittes geschafft ist, wenn erst der nächste Urlaub kommt, wenn ich mir erst das Rauchen abgewöhnt, wenn ich erst abgenommen, wenn ich erst einmal mehr Zeit habe ... ja, dann. Ich habe so viele gute Ideen für später.

So suche ich das Leben selten in der Gegenwart und bin erschrocken, als ich den Ausspruch eines alten Mannes las: »Erst als ich alt war, merkte ich, daß das, was ich immer für das Stimmen der Instrumente hielt, schon das ganze Konzert war.« Ich bin erschrocken, denn ich fühle mich ein bißchen ertappt.

Ich meine auch, daß mein rastloses Suchen Unglaube ist. Denn, wenn Gott gegenwärtig ist, ist das Leben gegenwärtig. Wenn ich heute mit Gott Verbindung aufnehmen kann, heute in seiner Rufweite, Hörweite, Reichweite lebe, dann kommt das Eigentliche nicht erst morgen. Dann ist der heutige Tag voll von Gelegenheiten, gut zu sein, einen Menschen zu trösten oder mich an seinem Glück zu freuen, dankbar zu werden oder zu beten.

Ich möchte das immer mehr lernen, immer neu erfahren: daß man Gott nicht fernab von seinen Geschäften und Sorgen, nicht weit weg von seinen Freuden und Freunden suchen muß, daß man ihn vielmehr mittendrin, mitten in einer Woche, fragen, finden und feiern kann.

Wenn unsereiner aus Erlangen irgendwo anders hinkommt und erzählt, woher er ist, wird ihm manchmal der Bibelspruch entgegengehalten: »... suchet das Himmelreich zu Erlangen.« So sehr geistvoll ist das nicht. Nur: für mich ist der Spruch wahr. Für Sie heißt es dann vielleicht Konstanz oder Lüdenscheid, Oberbayern oder Niedersachsen. Es gilt auch, wenn man kein Wortspiel daraus machen kann.

Wo denn sonst sollten wir Gott, wo denn sonst sollten wir das Leben suchen?

## *Passionslied*

*Jesus in Gethsemane*

Seht hin, er ist allein im Garten.
er fürchtet sich in dieser Nacht,
weil Qual und Sterben auf ihn warten
und keiner seiner Freunde wacht.

Du hast die Angst auf dich genommen,
du hast erlebt, wie schwer das ist.
Wenn über uns die Ängste kommen,
dann sei uns nah, Herr Jesus Christ!

*Die Gefangennahme*

Seht hin, sie haben ihn gefunden.
Sie greifen ihn. Er wehrt sich nicht.
Dann führen sie ihn fest gebunden
dorthin, wo man sein Urteil spricht.

Du ließest dich in Bande schlagen,
daß du uns gleich und hilflos bist.
Wenn wir in unserer Schuld verzagen,
dann mach uns frei, Herr Jesus Christ!

*Vor dem Hohen Rat*

Seht hin, wie sie ihn hart verklagen,
man schlägt und spuckt ihm ins Gesicht
und will von ihm nur Schlechtes sagen.
Und keiner ist, der für ihn spricht.

Wenn wir an andern schuldig werden
und keiner unser Freund mehr ist,
wenn alles uns verklagt auf Erden,
dann sprich für uns, Herr Jesus Christ!

*Vor Pilatus*

Seht, wie sie ihn mit Dornen krönen,
wie jeder ihn verspotten will,
wie sie ihn schlagen und verhöhnen.
Und er, er schweigt zu allem still.

Du leidest Hohn und Spott und Schmerzen –
und keiner, der voll Mitleid ist:
wir haben harte, arme Herzen.
Erbarme dich, Herr Jesus Christ!

## *Wünsche*

Ich wünsche mir eine Gesellschaft, eine Umgebung, die zwischen mir und meinen Fehlern unterscheidet, wo die dauernde Selbstrechtfertigung, die ewige Weißwäscherei aufhören kann.

Ich wünsche mir eine Welt, in der nicht lauter vermeintlich unfehlbare Chefs oder Mitarbeiter herumlaufen. Wenn einer sagt: »Ich habe mir nichts vorzuwerfen«, finde ich das zum Erschrecken. Weil er entweder lügt – das ist schlimm – oder davon überzeugt ist. Das ist fast noch schlimmer. Weil dann Maßstäbe ganz verloren gegangen sind, die ich für wichtig halte: die Maßstäbe Jesu. Und weil es wohl stimmt, daß ein Gewissen nur dann rein ist, wenn es nicht benutzt wird.

Ich wünsche mir also eine Welt, in der das Wort Jesu gilt: »Wer unter euch ohne Sünde ist, der werfe den ersten Stein.« Ich wünsche mir eine Welt, in der die fünfte Bitte des Vaterunsers nicht nur gebetet, sondern ernstgenommen wird: »Vergib uns unsere Schuld, wie auch wir vergeben unseren Schuldigern.«

## *Evangelisch fasten*

Die Wochen vor Ostern, zu denen wir in der evangelischen Kirche Passionszeit sagen, heißen in der katholischen Kirche Fastenzeit. Vielleicht ist es nicht falsch, einmal evangelisch über das Fasten nachzudenken.

Wenn ich das versuche, dann möchte ich es allerdings nicht in einem kirchlich-konfessionellen Sinn verstehen, sondern auf den Ursinn des Wortes »evangelisch« zurückgehen. Evangelisch heißt ja wörtlich »gute Nachricht«, und die Frage ist, ob Gedanken über das Fasten Teil einer guten, helfenden, befreienden Mitteilung sein können.

Zunächst einmal: Üblich ist es nicht. Üblich ist: Mitzunehmen, was es mitzunehmen gibt, herauszuholen, was herauszuholen geht. Soviel Geld wie möglich aus der Firma. Soviel Spaß wie möglich aus der Freizeit. Soviel Stundenkilometer wie möglich aus dem Auto. Soviel Lust wie möglich aus dem Partner. Soviel Ansehen wie möglich aus der Leistung. Soviel Profit wie möglich aus dem Kunden. Soviel Sozialleistung wie möglich aus dem Staat. Und immer gilt: Je mehr, desto besser.

Also leisten wir uns, was wir uns leisten können. Manchmal auch mehr. Also kaufen wir uns, was wir bezahlen können. Manchmal auch mehr. In einer Sammlung bissiger Kalendersprüche habe ich gelesen: Viele Leute kaufen heute mit dem Geld, das sie nicht haben, Sachen, die sie nicht brauchen, um Leuten zu imponieren, die sie nicht mögen.

Also genießen wir, was wir vertragen. Manchmal auch mehr. Die Waffen, mit denen die meisten Mitteleuropäer und Nordamerikaner umgebracht werden, sind Messer und Gabel, soll ein Mediziner gesagt haben.

Was hieße demgegenüber »Fasten«? Sicher nicht dasselbe wie »Maßhalten«. Etwa so, daß man nach einer Zeit, in der man besonders viel gegessen hat, nun besonders Kalorien zählt. Oder nach einer Zeit, in der man besonders viel Geld ausgegeben hat, besonders spart, so daß jeweils bei der Endabrechnung noch ein ganz vernünftiger Durchschnitt herauskommt. Meines Erachtens heißt es auch nicht, sich an eine äußere Ordnung zu halten, die für bestimmte Tage das Schnitzel verbietet, aber die Forelle erlaubt. Fasten heißt doch einfach, freiwillig auf etwas zu verzichten, was man sich leisten könnte.

Warum dann sollte man das tun? Ein Grund, der mir als erster einfällt: Es wäre eine Möglichkeit auszuprobieren, ob man Leben, erfülltes, wirkliches, menschliches Leben, auch in etwas anderem finden kann als in der Steigerung, im Wachstum, im »Mehr-haben«, im »Mehr-bekommen«. So teste ich die eigene Freiheit. Denn zur Freiheit gehört es doch wesentlich dazu, daß man nicht tun muß, was alle tun, daß man nicht immer mit dem Strom schwimmen oder, um es mit Worten aus der Bibel zu sagen: daß man sich nicht aller Welt gleichstellen muß.

Ein anderes Motiv, das mit dem Glauben zusammenhängt, könnte sein, daß man versuchen will, bewußter und dankbarer zu leben. Und das heißt auch, bewußter und dankbarer mit den Gütern dieses Lebens umzugehen. Selbstverständlichkeiten stumpfen das Bewußtsein ab. Und für Selbstverständlichkeiten bedankt man sich nicht. Vielleicht ist es darum gut, was so selbstverständlich zur Verfügung steht, einmal nicht zu nehmen, und das, was mir selbstverständlich zusteht, einmal nicht zu beanspruchen. Das könnte eine Erinnerung daran sein, daß alles, was wir haben, uns nur auf begrenzte Zeit geliehen ist.

Das wichtigste Motiv nenne ich – nicht ganz ohne Furcht vor Mißverständnissen – Solidarität. Andere Menschen haben sehr viel weniger als ich und müssen auf vieles, manchmal auch auf das Notwendigste, verzichten. Wenn wir sie vergessen und immer nur auf die wenigen starren, die mehr haben als wir, dann gehen uns im Kleinen ein paar Erfahrungen verloren, die wichtig wären, und im Großen, im politischen Bereich, eine Menge Spielraum.

Darum erzähle ich abschließend von einigen Leuten, die vermutlich von vielen für dumm gehalten werden. Mir imponieren sie.

Die Tante eines Freundes schlief während des Krieges von 1939 bis 1945 manchmal nicht in ihrem Bett, sondern davor.

Begründung: Viele haben es jetzt auch nicht warm und weich. Man muß wissen, wie das ist, um mitfühlen zu können.

Ich hörte von jungen Leuten, die freiwillig hungerten, weil sie überhaupt nicht wissen, wie weh Hunger tut.

Ich kenne Ehepaare, die legen sich selber eine Steuer auf: Zehn Prozent auf alles, was sie sich anschaffen. »Brot für die Welt« oder »Misereor« werden bedacht. Sie sagen: Die Regierung scheut so unpopuläre Maßnahmen, also tun wir es selber.

Alle diese Versuche ändern an der Lage insgesamt kaum etwas. Oder gar nichts. Nur – sie verändern die, die sie unternehmen. Das wiederum finde ich viel.

## *Fragen zu Himmelfahrt*

»Was mich stört«, sagte mein Bekannter, »was mich stört, ist, daß ihr Pfarrer über jeden Text der Bibel eine Predigt machen könnt. Ich habe noch nie erlebt, daß einer zugegeben hat: Mit der Geschichte bin ich nicht fertiggeworden.«

Mein Bekannter hätte also gerne einmal die Artisten unter der Kirchenkuppel ratlos gesehen. Ich weiß nicht, ob er zufrieden wäre, wenn ich ihm sage: Da sind Geschichten, da sind sogar Feste im Kirchenjahr, die bei mir viel mehr Fragen auslösen als ich Antworten weiß.

Himmelfahrt gehört dazu. Was mache ich als einer, der sozusagen ein Nachfahre Christi sein möchte und gleichzeitig im 20. Jahrhundert lebt, mit dieser Himmelfahrt? Erfahren werde ich sie wohl nicht. »Christ fuhr gen Himmel. Was uns betrifft: wir fahren nach Amorbach.« So las ich. Ist das bloß witzig? Ironischer Kommentar zu der Verkümmerung eines christlichen Festes zum Vatertag? Ist das nicht auch wahr? Wo sollen wir sonst hinfahren als an den Main oder in den Wald oder in die Berge. Erfahren heißt: einen Weg unter die Füße nehmen. Hingehen. In Augenschein nehmen.

Gibt es also Erfahrungen von Himmel auf der Erde? Gibt es Erfahrungen von Ewigkeit vor dem Tod? Gibt es Gotteserfahrungen in einem Menschenherzen? Hat Jesus so den Himmel erfahren? »Christ fuhr gen Himmel« – und was bleibt uns? Fahren wir ins Blaue?

Geht einer nicht mit dem Herzen, geht einer mit dem Kopf an die Geschichte von der Himmelfahrt, wird es dann einfacher? Denken schadet ja nie. Wir kämen schnell darauf, daß für die Erzähler der Bibel Weltbild war, was für uns nur Bild ist. Darum haben sie die Himmelfahrt so erzählt, früher auch so gemalt, als wäre sie die Erfüllung des alten Traumes vom Fliegen.

Wir erkennen weiter, daß heutzutage »oben« und »unten« auch noch sehr starke Gleichnisse sind. »Oben« fallen die Entscheidungen, »oben« wird regiert. »Unten« muß man funktionieren. Nenne ich jemanden einen »Aufsteiger«, dann hat das mit der Meereshöhe nichts zu tun. Auch nicht, wenn ich sage, mit ihm geht es bergab, oder gar, er sei heruntergekommen. Das alles ist auch heute sehr real gemeint.

Man muß den Menschen von damals keinen Vorwurf daraus machen, daß sie einen Machtwechsel nur mit Hilfe einer Ortsveränderung sagen konnten. Nur – wird die Geschichte glaubhafter, wenn es nicht um den Weltraum, sondern um die Weltregierung geht? Wenn also gesagt werden soll: Derselbe Jesus, der die Gewalt ablehnte, die Lüge verabscheute, die Liebe praktizierte, der hält alles in seinen Händen. Ist das einzusehen? Ist das »leichter« zu glauben? Angesichts von Krisen und Krieg, Intensivstationen und Verkehrsunfällen?

Oder ist der Sinn des Festes, daß wir von Himmelfahrt an den, dem sein Leben lang Verehrung und Anbetung zuwider waren, nun doch verehren und anbeten? Daß das oft aus Liebe, aus Dankbarkeit, aus Respekt geschieht, ist sicher richtig. Und es ist gut so. Denn Liebe, Dankbarkeit und Respekt sind heute seltene Tugenden. Ob nicht manchmal auch ein Stück Eigennutz dabei ist? Hänge ich mich an einen ganz Großen, fällt etwas von seinem Glanz auch auf mich ab.

Als wir 16 waren, gingen wir auf Fahrt mit einem Wimpel, auf dem stand »Jesus ist Sieger«. Und wir sangen dazu, »daß wir dem größten König eigen, daß unsere Jugend ihm geweiht« sei. Daß ich damals stolz war, geniert mich heute nicht. Nur – inzwischen beschäftigt mich auch die Frage, ob irgend etwas dran ist an dem, was ein Kritiker der Kirche sagte: »Jesus hat verlangt, daß seine Jünger ihm nachfolgten. Aber die Christen fanden es bequemer, ihn anzubeten.«

Ist das wahr? Ist das so? Wenn Jesus ganz oben ist, ganz groß ist, wenn er – wie es heißt – zur Rechten Gottes ist, dann ist es ja klar. Was er getan hat, ist staunenswert, bewundernswert, anbetungswürdig. Nur – nachvollziehbar ist es nicht. Doch nicht von uns normalen Menschen. Doch nicht von uns kleinen Leuten. Schon gar nicht unter unseren Bedingungen, mit unseren Sachzwängen. Löst das das Problem der Worte Jesu, seiner radikalen Ethik, seiner Bergpredigt? Daß wir sagen: Er, ja, er konnte so sein. Er konnte das nicht bloß sagen. Er konnte auch so leben.

Verehrung und Anbetung sind gut, ein Ersatz für Nachfolge sind sie nicht. Ich denke, Jesus selbst hat dagegen protestiert, daß man ihn in den Herrgottswinkel abschiebt, aufs Podest stellt, auf Ikonen malt: »Was heißt ihr mich Herr, Herr, und tut nicht, was ich euch sage?« Was meinte wohl Martin Luther, der kurz und bündig kommentierte: »Gaff nicht gen Himmel. Christus steht vor der Tür.«

Wie gesagt: Da sind ein paar Fragen zu Himmelfahrt. Mehr Fragen als Antworten. Ich werde an Himmelfahrt zur Kirche gehen. Ich werde eine Predigt hören und Lieder singen, die ich mag: »Christ fuhr gen Himmel« und »Jesus Christus herrscht als König«. Ich wüßte gerne, ob das einen Zusammenhang mit der Friedensfrage, den Umweltproblemen, dem Asylrecht für Ausländer, der Schaffung von Arbeitsplätzen hat.

Vielleicht gehe ich vom Gottesdienst nach Hause und habe noch ein paar Fragen mehr als vorher. Aber das könnte dann auch daher kommen, daß mir diese Geschichte nicht gleichgültig ist sondern wichtig.

## *Deutlich leben*

Wenn ich deutlich leben will, brauche ich eine Mitte, etwas, das die Zeit der Freude und die Zeit der Klage, die Zeit des Festes und die Zeit des Engagements zusammenhält. Denn deutliche Existenz – ich sage christliche Existenz – ist kein Puzzlespiel: ein Teilchen Dank, ein Teilchen Hilferuf, mehrere Mosaiksteine Stille, mehrere Aktionen, Hören und Reden, Singen und Protestieren, Meditieren und Handeln usw. Christliche Existenz braucht ein Zentrum oder sie wird exzentrisch.

Darum glaube ich, daß wir etwas nötig haben: Die Erinnerung an ein Leben, das deutlich war, weil es eine Mitte hatte. Etwas, das die Einladung auf die Hochzeit und die Begegnung mit dem Leichenzug, das Reden und das Tun, den Rückzug in die Einsamkeit der Wüste und den Einzug in das überfüllte Jerusalem miteinander verband. Im Leben Jesu hieß diese Klammer: Für die Menschen handeln, für die Menschen sein. Das Neue Testament nennt es: Liebe.

Als Jesus am Kreuz hing, war darum nicht nur Zeit zu klagen. Er sah auch noch die Einsamkeit seiner Mutter, die Not eines Mitgekreuzigten und daß seine Henker blinde und manipulierte Menschen waren. In der Nacht, in der er verraten wurde, hat er auf Gemeinheit nicht mit Gewalt reagiert, sondern das Abendmahl gestiftet.

Es gab für Jesus die Zeit der Stille und die Zeit des Handelns, die Zeit des Festes und die Zeit der Angst. Es gab auch die Zeit des Sterbens.

Aber es gab nicht die Zeit des Tötens. Es gab keine Zeit des Hasses und der Gewalt. Es gab kein Alibi für die Abwesenheit von Verantwortung, Menschlichkeit und Liebe.

Darum hat Jesus deutlich gelebt. Darum kann die Erinnerung an ihn auch uns helfen. Darum holen wir seine Geschichte heran, mit Worten oder mit der Feier des Mahls, mit Brot und Wein. Darum kann uns seine Geschichte verändern.

# *Herr, sieh deine Ernte an*

»Weizenkörner sind klein,
aber in ihnen steckt etwas.
Sie können uns sagen:
Die Welt, die wir bewohnen,
ist für das Leben da
und nicht für den Tod.«

## *Der Weizen wächset mit Gewalt*

Wenn Sie irgendwann an einem Weizenfeld vorbeikommen: schauen Sie doch einmal hin. Und wenn es auf den ersten Blick wenig aufregend ist, versuchen Sie es doch mit einem zweiten Blick. Und wenn Sie nicht hinauskommen in die Natur – vielleicht können Sie sich erinnern: an die weißgelbe Farbe, an die Bewegung der Ähren im Wind, an das leise Rauschen.

Da geschieht etwas zum Staunen. Etwas, das still ist und trotzdem stark, unauffällig, aber sehr mächtig. »Der Weizen wächset mit Gewalt«, steht in einem alten Lied. Mit einer Gewalt, die dem Leben dient und Leben möglich macht.

Wir sind ja wie hypnotisiert von der anderen Gewalt: von der, die zerstört und verwüstet. Bilder und Nachrichten des Schreckens nehmen unsere Aufmerksamkeit gefangen. Sie fressen sich in unsere Gedanken und vergiften unsere Seele.

Schauen Sie hin, wie der Weizen wächst. Weizenkörner sind klein. Wenn ich sie in die Hand nehme, sieht man sie kaum. Sie sind sehr unscheinbar. Aber in ihnen steckt etwas. Sie können uns auch etwas sagen. Nämlich, daß die Welt, die wir bewohnen, für das Leben da ist, und nicht für den Tod.

Weil ich Christ bin, erinnern die kleinen Körner mich noch an mehr. Sie sagen: Denk an den, von dem alles Leben herkommt, denk an Gott. Sie sagen: Denk an den, der sich selber einmal ein Weizenkorn genannt hat, denk an Christus. Sie sagen auch: Rechne damit, daß die Gewalt der kleinen Weizenkörner, die unten in der Erde sterben, größer ist als die Gewalt der Panzer, die oben drüber fahren.

Wir könnten auch etwas sagen zu den kleinen Körnern in unserer Hand: Ihr seid wie ein Wunder. Ihr macht Leben möglich. Ihr macht es anders als wir. Wir sind großartig im Kaputtmachen. Ihr seid klein, und ein Panzer ist so riesig. Ihr seid klein, aber ihr imponiert uns viel mehr als die verheerende Gewalt derer, die man leider und immer noch und fälschlicherweise die Großen nennt.

So können wir sagen oder denken. Dann lohnt es sich, die

Körner anzuschauen. Dann ist es immer noch oder immer wieder eine Nachricht wert, daß der Weizen wächst.

Irgendein geistreicher Mensch hat behauptet: Nachrichten heißen Nachrichten, weil wir uns danach richten. So ganz unrecht hat er nicht. Wenn der Wetterbericht Regen ankündigt, nehmen manche einen Schirm mit. Wenn gemeldet wird, daß das Benzin teurer wird, füllen manche die Reservekanister voll. Wenn wir hören, daß im Westen wie irrsinnig gerüstet wird, haben wir Angst. Was machen wir mit der bescheidenen Nachricht, daß der Weizen wächst und daß die kleinen Körner stark sind? Wann fangen wir denn an, uns danach zu richten?

Wenn es um das Leben geht, um das Überleben, um den Frieden, dann werden viele von uns sich auch klein fühlen. Aber ich glaube, daß Gott aus Kleinen etwas machen kann. Ich glaube, daß auch wir Leben ermöglichen können und sollen. Wenigstens ein Stück weit, wenigstens für ein Kind, für einen Hungernden, für einen Verängstigten. Ich glaube, daß das geht. Denn ich glaube, daß der Weizen und wir aus der Hand des gleichen Gottes kommen.

## *Redet gut vom Namen unsres Gottes!*

Ich freue mich über den Herrn,
alles, was ich bin und habe,
mein Herz, mein Verstand und mein Mund,
alles soll ihn loben.

Ich freue mich über den Herrn,
ich will immer an ihn denken
und will nicht das Gute vergessen,
das er mir bis heute getan hat.

Ich freue mich über den Herrn,
er hat mir die Schuld vergeben.
Er heilte, was an mir krank war
und schenkte mir neues Leben.

Ich freue mich über den Herrn,
er ehrt mich mit seiner Freundschaft
mehr als mit einer Krone.
Er hat meine Kraft erneuert.

Ich freue mich über den Herrn,
denn er ist barmherzig und freundlich,
geduldig und reich an Güte.
Er straft nicht, wenn wir es verdienen.

Ich freue mich über den Herrn,
seine Gnade ist groß wie der Himmel.
Er liebt alle die, die ihn fürchten,
wie ein Vater seine Kinder.

Ich freue mich über den Herrn,
alles, was ich bin und habe,
mein Herz, mein Verstand und mein Mund,
alles soll ihn loben.

Ich freue mich über den Herrn,
über den allmächtigen Vater,
über den Sohn Jesus Christus
und über den Geist, der uns heiligt.

Redet gut vom Namen unseres Gottes! Amen.

## *Amt oder Verstand?*

»Sie sehen gar nicht wie ein Pfarrer aus!« Es gab eine Zeit, da hat mich das befriedigt, denn man wollte ja nicht typisch sein, sondern anders, außergewöhnlich, besonders. Daß die Leute mir Beruf und Stand nicht ansahen, war wie ein Kompliment.

Als Student trug ich einmal – in Ermangelung eines eigenen Wintermantels – den dunklen Mantel meines verstorbenen Vaters. Die Freunde witzelten: »Bestattungsverein Flamme«, sagte der eine, und der andere meinte: »Jetzt siehst du aus wie ein richtiger Pfarrer!« Den Mantel habe ich nicht mehr oft getragen. Ich wollte zwar Pfarrer werden, aber nicht wie einer aussehen. Notabene: Mein Vater war Molker.

»Sie sehen aber gar nicht wie ein Pfarrer aus!« Es gab auch eine Zeit, da hat mich das geärgert. Was heißt das denn? Wie sieht denn ein Pfarrer aus? Freundlich, aber altmodisch? Würdig, aber leicht vertrottelt? Man sagt ja auch nicht: »Sie sehen aber gar nicht wie eine Augenärztin aus!« Oder: wie ein Tiefbauingenieur. Oder: wie ein Bundespräsident. Oder: wie eine Kindergärtnerin.

Als vor ein paar Jahren ein junger Kollege seine ersten Hausbesuche machte, riefen die Leute im Pfarramt an und sagten: »Bei uns war so ein Langhaariger und behauptete, er sei der neue Vikar!« Daß in einer christlichen Kirche immer noch Kleider Leute machen, empfand ich damals als kleinen Skandal.

»Sie sehen aber gar nicht wie ein Pfarrer aus!« Kompliment oder Ärgernis? Inzwischen bedeutet es mir weder das eine noch das andere. Denn ich habe zu viele Kollegen getroffen, denen die Leute das auch sagten, und die dann stolz waren, daß man sie für einen Künstler hielt oder einen Bauern oder einen Playboy oder einen Arbeiter.

Ich habe inzwischen auch erfahren, daß sie einem den Arzt nicht glaubten, weil er Inder war. Ich habe selber einen neuen Bekannten am Anfang ganz falsch eingeschätzt, weil er die »falsche« Zeitung las. Inzwischen weiß ich auch, daß eine bekannte Fernsehserie bereits im 3. Jahrzehnt davon lebt, daß man vielen Leuten eben nicht ansieht, was sie sind.

Manchmal denke ich allerdings, es wäre gut, wenn ein anderer mehr von mir wüßte. Der Beruf wäre sicher nicht so wichtig. Aber gut wäre, er wüßte, daß ich zum Beispiel seine Probleme weder belächle noch ausnütze noch ausplaudere. Gut wäre, er wüßte, daß ich ihm auch noch zuhöre, wenn er nicht über das Wetter redet.

Eine Frau saß mit mir mehrere Stunden im gleichen Eisenbahnabteil. Wir redeten lange sehr wenig und Belangloses. Am Ende etwas mehr. Dann schien es für sie wichtig zu werden. Da mußte ich aussteigen. Beim Packen wollte sie wissen, wer ich sei. Ich sagte es ihr. Durchs Fenster meinte ich dann zu sehen, daß sie weinte. Ich vermute: wenn wir früher Flagge gezeigt hätten – ich, wer ich bin – sie, was sie plagt –, wären wir früher ins Reden gekommen. Ob es der Frau etwas gebracht hätte, weiß ich nicht. Nur, ausschließen kann ich das auch nicht. Darum tut es mir manchmal leid, daß ich nicht zeigen kann: Ich bin Seelsorger, und ich lasse mich darauf festlegen.

Allerdings – eine ganz andere Beobachtung habe ich auch schon gemacht. Nicht selten verändert sich eine Beziehung, wenn der andere merkt, mit wem er es zu tun hat. Für manche wertet es das auf, was ich sage, wenn sie erfahren: immerhin ein Pfarrer. Vielleicht rechnet man mit weniger Leichtfertigkeit. Oder mit weniger Lüge.

Für andere aber wertet es das ab, was ich sage, wenn sie herausbekommen: bloß ein Pfarrer. Bei uns sagen die Leute: »Der muß ja so reden. Es ist doch sein Geschäft.« Gemeint ist: seine Aufgabe.

Beides stört mich. Denn dummes Zeug bleibt dummes Zeug, auch wenn es von Geistlichen stammt. Und die Wahrheit bleibt wahr, auch wenn sie »aus dem Munde der Kinder und Unmündigen« käme. Daß die Weisheiten, die die sogenannten Amtsträger – übrigens nicht nur in der Kirche – von sich geben, mehr gedruckt werden, mehr gelesen werden und sogar mehr geglaubt werden, ist vielleicht unvermeidlich. Gut ist es nicht. Denn den Satz, daß Gott dem Verstand gibt, dem er ein Amt gibt, könnte ich weder aus der Bibel noch aus der Erfahrung belegen.

Auf der anderen Seite: Wenn Äußerungen von Amtsträgern aller Ebenen und aller Schattierungen gelegentlich so nichtssagend sind wie manche Politiker-Interviews im Fernsehen, dann qualifiziert das doch noch nicht alles Reden ab, das »im Auftrag« passiert. »Ich hab hier bloß ein Amt und keine Meinung«: Schillers Oberst Wrangel ist sicher kein Einzelfall, aber doch auch nicht der Normalfall. Nicht jeder, der ein kleineres oder größeres Amt antritt, redet deshalb nur noch in Sprechblasen, nur noch als Interessenvertreter, nur noch als Parteigänger.

Ein Amt wertet die Worte nicht auf, aber es wertet sie auch nicht ab. Darum bin ich manchmal froh, daß man mir den Pfarrer nicht ansieht.

Martin Luther meinte, daß eine christliche Gemeinde das Recht habe, die Lehre zu beurteilen. Die Lehre, nicht bloß die Lehrer! Aber ein Recht ist auch eine Pflicht. Verstehe ich das richtig, wenn ich meine: Es ist möglich und nötig, darauf zu achten, was geredet wird, und nicht bloß darauf, wer es sagt.

Ich denke, das würde die Kirche brüderlicher und sogar die Demokratie mündiger machen.

## *Zwischen rechts und links*

Früher, so scheint es mir, gab es vielerlei Leute – jedenfalls in der Kirche. Da gab es die Konfessionen: die Katholiken und die Evangelischen. Und innerhalb der Evangelischen: die Lutheraner und die Reformierten. Und die Unierten waren dazwischen.

Da gab es die Region: Bei uns in Bayern die Franken und die Oberpfälzer und die Altbayern. Und innerhalb der Franken: die Ober- und Unter- und Mittelfranken. Und innerhalb der Mittelfranken: die Großstadt und die Provinz. Und innerhalb der Großstadt: die Nürnberger und die Fürther. Und die wollten um keinen Preis miteinander verwechselt werden.

An der Universität, zum Beispiel in Göttingen, gab es die Landsmannschaften: die Bayern und die Badenser und die Niedersachsen. Und im Freundeskreis gab es die theologischen Schulen, die wir enorm wichtig nahmen: Barthianer und Bultmannianer unterschieden sich so heftig wie Orthodoxe und Pietisten.

Und natürlich gab es überall die »Konservativen« und die »Progressiven«. Und die »Liberalen« waren ein eigener Menschenschlag in Kirche, Theologie und Gesellschaft. Reformer gab es und die, die von früher träumten, Hochkirchler und »liturgische Playboys«.

Die moderne Malerei teilte die Menschen ebenso in verschiedene Lager, wie die moderne Musik. An der Frage, ob das Lied »Danke« eine Schnulze sei oder »liturgiefähig«, schieden sich die Geister. Genauso an einem gemäßigt modernen, abstrakten Bronze-Kruzifix. Und nebenbei gehörten manche zu einer Partei. Andere sympathisierten mit einer Partei.

Wie gesagt: Früher, so scheint es mir, gab es vielerlei Leute. Heute, so scheint es mir, gibt es zweierlei Leute, jedenfalls in der kleinen Welt, die ich ein bißchen besser kenne: in der Kirche oder im Rundfunk. Heute gibt es Rechte und Linke. Die Region ist so unwichtig wie die Konfession. Wo einer gelernt hat, spielt kaum eine Rolle. Manchmal habe ich den Eindruck: nicht einmal, was einer glaubt, ist besonders wichtig. Rechts oder links – das ist die Frage.

In Synoden und Kirchenvorständen, ebenso wie in Studentenkreisen, läßt sich beinahe exakt vorhersagen, was einer zu einer Frage meint oder sagt, wenn man nur seine politische Grundentscheidung kennt. Dann weiß man, was er denkt: zur Nachrüstung und zum Asylrecht, zur Gastarbeiterproblematik und zur Kernenergie, zur Arbeitslosigkeit und zur Höchstgeschwindigkeitsbegrenzung. Ich kann ausrechnen, was er sagen wird zu Menschenrechtsverletzungen in Polen und zu Menschenrechtsverletzungen in Lateinamerika. Ich werde kaum Überraschungen erleben, wenn ich ihn zur Affäre beim Jugendzentrum »Komm« in Nürnberg oder zur »Startbahn West« in Frankfurt oder zum Main-Donau-Kanal befrage.

Nein, wir sind keine pluralistische Gesellschaft, keine pluralistische Kirche. Wir sind, wie man so sagt, polarisiert. Dabei hieß »Kirche« in der Sprache des Neuen Testaments wörtlich »die Herausgerufene«, was doch auch meint, daß da andere Alternativen zu gelten haben als in der Welt, aus der sie herausgerufen wurde.

Ich habe nachgelesen, wie das in der Bibel ist mit rechts und links. Ich bin auf Abrahams hinreißend gelassene Äußerung gestoßen, die er seinem Neffen Lot gegenüber machte: »Gehst du zur Linken, so gehe ich zur Rechten. Oder gehst du zur Rechten, so gehe ich zur Linken.« Daß das nicht politisch gemeint ist, weiß ich schon. Trotzdem gefällt mir so ein Satz gut, gerade angesichts unserer aufgeregten Rechts-Links-Wichtigtuerei.

An einer anderen Stelle der Bibel wird der Gegensatz rechts-links gravierend und einschneidend: In einer Bildrede vom Endgericht beschreibt Jesus, wie er die Menschen einteilen wird in rechts und links. Das einzige Kriterium für diese Scheidung – das Fremdwort dafür heißt Krise – ist: wie Menschen ihm, Christus, in den Ärmsten und Geringsten seiner Brüder begegnet sind.

Wie gesagt: Kirche, das sind die aus der Welt Herausgerufenen. Wenn ich also z. B. in der Frage der Fristenlösung so denke wie die CDU, in der Frage des Anerkennungsverfahrens für Kriegsdienstverweigerer so wie die SPD, in der Frage des Verhältnisses von Kirche und Staat so wie manche in der FDP, in der Frage des Umgangs mit der Natur wie die Grünen, dann werden manche sagen: der sitzt zwischen allen Stühlen!

Aber – das grämt mich nicht, noch macht es mich stolz. Ich bin mir noch nicht einmal sicher, ob das besonders für mich oder gegen mich spricht. Oder für das Programm der jeweiligen Partei.

Natürlich werde ich wieder wählen. Eine der Parteien. Natürlich kann ich mich in einer Partei engagieren, wie zum Beispiel auch in einer Bürgerinitiative. Nur: ich weiß, daß das nicht alles ist. Es ist nicht einmal das Wichtigste. Ich weiß, daß es wahr ist, was Ernesto Cardenal einmal schrieb: »... denn die Parteien machen nicht frei.« Ich glaube, daß Christus frei macht, auch von Parteien, auch vom Fraktionszwang, auch von »rechts« oder »links«.

Ich weiß, daß es nicht üblich ist, einen Kommentar mit einem »Amen« zu beschließen. Diesmal aber hätte ich es gern getan. Denn »Amen« heißt: das stimmt!

## *Durch dich sind alle reich*

Herr, sieh dir deine Erde an –
du gabst uns hier ein Haus,
das allen Heimat werden kann.
O Herr, was machen wir daraus!

Uns allen gleich gabst du zu Leh'n
die Luft, das Licht, das Land,
läßt Korn und Frucht für alle steh'n.
Herr, öffne unsre harte Hand.

Herr, sieh dir deine Kirche an,
zerrissen und voll Streit!
Du hast ihr Zukunft aufgetan,
sie zehrt von der Vergangenheit.

Laß uns erkennen: was uns eint,
ist mehr als was uns trennt,
weil unsre Hoffnung alle meint,
weil einer alle Brüder nennt.

Herr, sieh dir unsre Herzen an.
Gejagt von Neid und Angst,
macht jeder seinen eignen Plan.
Wer fragt nach dem, was du verlangst?

Zeig uns: Vor dir sind alle gleich,
gleich schuldig, gleich geliebt.
Zeig uns: Durch dich sind alle reich,
weil einer sich für alle gibt.

Wir sehen Jesus Christus an,
der gibt und hilft und heilt,
er hat die Hände aufgetan,
er hat sich allen ausgeteilt.

Herr, laß uns deine Kirche sein,
hier und an jedem Ort.
Und bleib bei uns in Brot und Wein,
bleib auch mit deinem guten Wort.

## *Die Saat geht auf*

»Mit der Bibel kann man alles beweisen. Was da drin steht, kann man so oder so verstehen. Jeder legt es anders aus. Jeder denkt, er hat recht. Darum gibt es auch so viele Richtungen, so viele Konfessionen in der Christenheit.«

Solche Überlegungen habe ich schon öfter gehört. Sie sind mir ganz nachdrücklich eingefallen, als ich über einen Bibeltext nachdachte, nämlich über das Gleichnis vom Sämann aus dem Neuen Testament – ein Gleichnis, das mir in meinem Leben schon oft begegnet ist. Ich habe versucht, mich zu erinnern, was ich darüber gehört habe. Ich habe ausgegraben, was ich selber gedacht oder gesagt habe. Ich will dann sagen, was ich heute höre, wenn ich die Geschichte lese.

Das Gleichnis vom Sämann ist im Evangelium des Lukas im 8. Kapitel aufgeschrieben:

Jesus erzählt: »Es ging ein Sämann aus, um seinen Samen zu säen, und beim Säen fiel ein Teil auf den Weg und wurde zertreten, und die Vögel unter dem Himmel fraßen's auf. Und ein Teil fiel auf Fels; und als es aufging, verdorrte es, weil es an Feuchtigkeit fehlte. Und ein Teil fiel mitten unter die Dornen, und die Dornen gingen mit auf und erstickten's. Und ein Teil fiel auf gutes Land; und es ging auf und trug hundertfach Frucht. Als Jesus das sagte, rief er: Wer Ohren hat zu hören, der höre!«

Meine Geschichte mit dem Gleichnis beginnt sehr früh. Im Kindergarten lernten wir den alten Nachtwächterruf, in dem es heißt: »Hört, ihr Herrn, und laßt euch sagen: unsere Glock hat vier geschlagen. Vierfach ist das Ackerfeld. Mensch, wie ist dein Herz bestellt?«

Sicher, das war eine Nummer zu groß für die singenden Vorschulkinder, verstanden haben wir es nicht. Aber behalten haben wir es: »Mensch, wie ist dein Herz bestellt?« Ich erinnere mich, daß damals auch unsere Kleidung gewöhnlich eine Nummer größer als gerade nötig gekauft wurde. Sie war »zum Reinwachsen«. Kann man so mit biblischen Geschichten umgehen? Sie sozusagen auf Hoffnung vermitteln, zum »Reinwachsen«?

Die Frage verwandelte sich in die Bitte, als wir dann im Kindergottesdienst lernten und beteten: »Mache mich zum guten Lande, wenn dein Sam'korn auf mich fällt. Gib mir Licht in den Verstande, und, was mir wird vorgestellt, präge du im Herzen ein. Laß es mir zur Frucht gedeihn.«

Ich weiß nicht mehr, wie das damals mit dem Licht im Verstand war. Aber ich weiß, daß wir gerne im Kindergottesdienst waren, gerne beteten, sangen, gerne Geschichten hörten. Das Herz war dabei, der Verstand hinkte hinterher.

Beim Erwachsenen wird es dann umgekehrt: Der Kopf hat es begriffen, aber das Herz kommt nicht mit. Das Leben hinkt den Einsichten hinterher. Ob das wirklich besser ist?

Der Religionsunterricht schlüsselt dann das Gleichnis auf. Zwei Spalten im Heft, links die Bilderschrift, rechts wurde sie übersetzt. Ein Gleichheitszeichen stand dazwischen. Sämann = Gott, Same = Wort Gottes, Acker = Welt, Weg = Unaufmerksamkeit, Fels = Vergeßlichkeit, Dornen = Sorgen, guter Boden = Glaube.

Aufschlußreich war das sicher, begeisternd war es nicht gerade. Daß Lernen und Denken zum Glauben dazugehören, daß das Wort »Jünger« in der Bibel auch so etwas wie Schüler oder Lehrling meint, das habe ich erst viel später eingesehen.

Nach der Konfirmation kam der Jugendkreis. Wir fingen an, uns selber Gedanken über die Bibel zu machen. Wir fanden heraus: Die Statistik im Gleichnis stimmt. Nur ein Viertel aus dem Konfirmandenjahrgang blieb beim Gottesdienst und in der Gemeinde: wir! Wir waren uns unserer Entscheidung sehr bewußt, wahrscheinlich sogar stolz auf sie. Was hat Glaube mit dem Wollen, mit dem Entscheiden zu tun?

Später dann studierte ich Theologie. Ich lernte, daß es sich um ein Gleichnis vom Reich Gottes handelte, in dem gar nicht in erster Linie die Zustände des Ackers, der Welt oder meines Herzens verhandelt werden. Ich erfuhr auch Einzelheiten. Zum Beispiel, daß der Sämann gar nicht so ungeschickt ist, wie er in unseren Augen aussieht. Weil in Palästina vor dem Pflügen gesät und der Same nachher, in der Hoffnung auf guten Boden, untergepflügt wurde.

Mir war – anders als manchen Freunden – die wissenschaftliche Beschäftigung mit der Bibel keine Erschwernis des Glaubens. Eigentlich eher eine Hilfe. Manche Geschichten verloren zwar etwas von dem Goldgrund, auf dem sie vorher gemalt schienen: zeitlos, schön, ehrwürdig und alt. Aber dafür gewannen sie an Nähe zu mir selber.

Mit den ersten Predigten hatte ich mir viel vorgenommen. Ich habe in einem Manuskript von vor 20 Jahren nachgelesen: »Hier wird keine landwirtschaftliche Statistik des Reiches Gottes geliefert, daß man also feststellen könnte: So sind die Menschen eben. Hier ergeht ein dringender Ruf zur Umkehr: Werdet doch gutes Land! Ihr müßt nicht so hart, so dornig, so wetterwendisch, so vergeßlich sein. Ihr könnt euch von Grund auf ändern.«

Nach zehnjährigem Dienst in einer Ortsgemeinde hat mir dann die vermeintliche Nüchternheit Jesu Eindruck gemacht. Da ist also, wie es am Anfang heißt, viel Volks beieinander, und sie sind aus den Städten zu ihm geeilt. Das Matthäusevangelium berichtet im Zusammenhang mit unserer Geschichte: Die Menschen drängten sich so sehr am Seeufer, daß Jesus in ein Schiff steigen mußte.

Unsereiner hätte nun vielleicht zu seinen Gefährten gesagt: »Ich bin gekommen, ein Feuer anzuzünden auf Erden und, siehe da, es brennt. Die große Erweckungsbewegung hat angefangen.« Und zu den Leuten hätten wir gesagt: »Ich begrüße Sie herzlich und freue mich, daß Sie, trotz des guten Wetters oder trotz des schlechten Wetters, so zahlreich erschienen sind. Es ist eine großartige Sache, wenn so viele Menschen unter das Wort Gottes kommen.«

Aber Jesus fängt anders an: »Es ging ein Sämann aus, zu säen seinen Samen. Und etliches fiel auf den Weg, und etliches fiel auf den Fels, und etliches fiel unter die Dornen.« Jesus meint offenbar: Damit, daß ihr gekommen seid, ist noch nicht viel gewonnen.

Als ich dann Studentenpfarrer wurde, war wieder die selbständige Beschäftigung mit Bibeltexten gefragt. Wir haben in der Studentengemeinde über die Geschichte geredet und aufgeschrieben, wie sie auf uns wirkt.

Es ist ein düsteres Gleichnis, meinte einer. Ein anderer hörte Vorwürfe heraus, daß er das Wort Gottes nicht richtig annimmt. Wieder ein anderer Teilnehmer fühlte sich ertappt, weil er bei manchen Predigern so voller Opposition zuhört. Einer schrieb die Mahnung auf seinen Zettel: »Du, laß dich nicht verhärten in dieser harten Zeit. Die allzu hart sind, brechen, die allzu spitz sind, stechen und brechen ab sogleich.« Ganz überwiegend wurde das Gleichnis als etwas Forderndes verstanden, das einen Anspruch erhebt und kritisiert und zu Aktionen bewegen will.

Ich weiß nun nicht, ob Ihnen der kindlich unbefangene oder der nachdenkliche Umgang mit biblischen Texten näher liegt, ob Sie eine solche Geschichte mit einem Vorschuß an Vertrauen hören oder zurückhaltend und abwägend sind. Ich möchte sie noch einmal lesen und Ihnen dann sagen, warum es für mich heute eine ganz besonders befreiende, ermutigende und hoffnungsvolle Geschichte ist.

»Als nun eine große Menge zusammen war und die Leute aus den Städten zu ihm kamen, redete Jesus in einem Gleichnis: Es ging ein Sämann aus, um seinen Samen zu säen, und beim Säen fiel ein Teil auf den Weg und wurde zertreten, und die Vögel unter dem Himmel fraßen's auf. Und ein Teil fiel auf Fels; und als es aufging, verdorrte es, weil es an Feuchtigkeit fehlte. Und ein Teil fiel mitten unter die Dornen; und die Dornen gingen mit auf und erstickten es. Und ein Teil fiel auf gutes Land; und es ging auf und trug hundertfach Frucht. Als er das sagte, rief er: Wer Ohren hat zu hören, der höre!«

Wir leben, auch in der Kirche, unter so etwas wie Erfolgszwang. Uns bekümmert, wenn in der Statistik die Zahl der Taufen oder Trauungen oder Gottesdienstbesucher rückläufig ist. Uns beschäftigt die Zahl der Kirchenaustritte. Wir möchten nicht schlecht dastehen, wenn einer fragt: Wieviel Leute erreicht ihr eigentlich? Wir möchten Kümmerlichkeit verstecken, Gelungenes vorweisen. Wir möchten mit blühendem geistlichen Leben imponieren oder wenigstens mit sozialen Aktivitäten.

Wir sorgen uns, ob wir ankommen und wie wir ankommen.

Aber die Geschichte sagt mir, daß Gottes Reich kommt, Mißerfolgen, Desinteressen, Abweisungen zum Trotz. Die Saat geht auf. Frucht kommt. Die Arbeit des Säens ist – weiß Gott und Gott sei Dank – nicht vergeblich.

Wir möchten das Reich Gottes herzeigen. Etwas muß doch zu sehen sein! Steigende Abendmahlsbeteiligung, steigende »Brot-für-die-Welt«-Ergebnisse, steigende Zahlen bei den Theologiestudenten: Ist das etwa nichts? Aber offenbar gilt, was Martin Luther gesagt hat: Wir wollen die Augen in die Ohren stecken. »Wer Ohren hat zu hören, der höre«, sagt Jesus. Er meint, wir leben nicht von der Statistik, sondern von der Verheißung. »Wer Ohren hat zu hören, der höre.«

Hundertfältige Frucht ist zu erwarten. Auch die Fleißigsten und Treuesten unter uns sollen das hören. Nicht die Aufbesserung von Gemeindestatistiken um ein paar Prozent, nicht die Verbesserung von Verhältnissen um ein paar Schritte, die wir erreichen können, steht am Ende, sondern eine Ernte, die alle Erwartungen übersteigt. Auch die Resignierten und Ängstlichen unter uns, die meinen: alles wird schwieriger, die Zeiten werden schlechter, die Menschen gleichgültiger, – sie sollen hören: die Saat wächst.

Darum meinte ich, es ist eine befreiende Geschichte. Sie sagt uns: Hört auf, das Wachstum und den Fortschritt zu messen. Fangt an, an die Ernte zu glauben. Wer Ohren hat zu hören, der höre.

Zu sehen ist freilich auch schon etwas. Die Saat ist ja da. Das Wort ist da. Oft ist es ein schwaches, kümmerliches, überhörbares Wort, das wir hören. Das, was wir selber sagen, auch. Aber genau aus diesem Wort kann hundertfältige Frucht kommen, zum Beispiel Vergebung von Schuld.

Das Mahl ist da, Brot und Wein sind da. Oft ist es keine festliche und glanzvolle Feier. Es ist eher eine dürftige Mahlzeit. Aber genau aus diesem Mahl kann hundertfältige Frucht kommen: die Hoffnung auf ewiges Leben zum Beispiel. »Das stärke und erhalte dich im rechten Glauben zum ewigen Leben«, sagen wir dabei.

Die Gemeinde der Glaubenden ist da. Oft ist es eine sehr schwache Gemeinschaft, kaum einer kennt den anderen, wenig Zusammengehörigkeitsgefühl ist entwickelt. Daß zwei im gleichen Sportverein sind, verbindet sie oft mehr, als daß sie zur gleichen Gemeinde gehören. Aber genau aus dieser Gemeinde soll Gottes Volk werden, die unübersehbare Schar, die niemand zählen kann.

Unsere Versuche, zu lieben und gut zu sein, sind da. Wie es um sie steht, weiß jeder selber. Aber genau daraus wächst die Liebe, die nimmer aufhört, auch wenn die Sprachen und die Erkenntnisse aufhören werden. Genau daraus wachsen der neue Himmel und die neue Erde, in welchen Gerechtigkeit wohnt.

Wie gesagt, die Saat ist da. Und aus dieser Saat wird Ernte, sagt Jesus. Es hat alles schon angefangen. Darum meinte ich, es sei eine besonders hoffnungsvolle Geschichte. Sie sagt, aus diesen geringen Zeichen wird Gottes Reich. Wer Ohren hat zu hören, der höre.

Ich will noch eine Überlegung anfügen. Mir ist heute nicht mehr so deutlich, wer mit Sämann gemeint ist. Als Schüler habe ich in mein Heft geschrieben: Der Sämann ist Gott. Das ist sicher nicht falsch, ebenso sicher nicht alles. Ob wir wirklich nur Boten sind, von besserer oder minderer Qualität? Ob wir wirklich nur Gottes Acker sind, nicht auch Gottes Säleute? Also Menschen, die, wo immer sie arbeiten, etwas Sinnvolles tun, etwas, das Zukunft hat?

Mir imponiert, daß der Sämann überall hinsät. Dornige, harte, unfruchtbare Böden gibt es genug, meinen wir. Manchen sieht man es an, daß da nichts Vernünftiges herauskommen kann, meinen wir. Aber der Sämann streut seinen Samen aus, denn mitten drin in dem Acker, den wir schon abgeschrieben haben, kann – nein, wird die hundertfältige Frucht aufgehen. Ich will das nicht vergessen bei dem, was wir zu tun haben, was wir anpacken können.

Ich denke, daß wir viel tun können: zum Beispiel für die Kinder, deren Zukunft nicht mehr so gut aussieht, wie unsere vor dreißig Jahren. Zum Beispiel für die alten Menschen, deren Problem weniger die Versorgung ist, als der Eindruck, daß keiner sie mehr braucht. Zum Beispiel für den Frieden, der am meisten bedroht ist durch die Stumpfheit, die sich an die Gewalt gewöhnt hat. Zum Beispiel für die Natur, die durch unsere wachsenden Ansprüche tatsächlich zu einer erschöpften Schöpfung geworden ist. Zum Beispiel für die Behinderten, denen Partnerschaft und Verständnis mehr bedeuten als ein paar zusätzliche Almosen.

Ich denke, daß wir viel tun können. Das Wichtigste wird in allen Bereichen so etwas Ähnliches sein, wie ein Säen auf Hoffnung hin. Undank ist der Welt Lohn, sagen die Leute. Aber hundertfältige Frucht ist Gottes Ernte, sagt Jesus. Und wir werden uns entscheiden müssen, was uns wichtiger ist.

Ich kehre zurück zu meiner Ausgangsfrage. Was ist, wenn wir aus einem Bibeltext vielerlei und verschiedenes heraushören? Dann, so finde ich, sollten wir uns nicht unsere neuesten Erkenntnisse gegenseitig um die Ohren schlagen, als wären es Waffen. Wir können einander erzählen, was wir denken. Und uns darüber freuen, daß die Geschichten lebendig sind. Daß sie sich mit uns verändern und mit uns wachsen. Manchmal helfen sie uns dazu, zu wachsen oder uns zu verwandeln.

Ich möchte nichts von dem, was ich früher über die Geschichte gehört oder gesagt, gedacht oder gesungen habe, zurücknehmen und belächeln. Ich möchte eher dankbar sein, daß die Geschichten, die Jesus erzählt hat, und die ich inzwischen ganz gut kenne, mir immer wieder eine neue Entdeckung bescheren.

## *Jeder nach seiner Fasson*

Worte, die einmal Ausdruck von Größe waren, können auch Ausdruck eines sehr kleinkarierten Denkens werden. Ich meine die Redensart, daß jeder nach seiner Fasson selig werden soll.

Zur Erinnerung: Vor fast 250 Jahren, im Sommer 1740, berichteten ein Herr Staatsminister von Brand und ein Herr Kirchenpräsident von Reichenbach ihrem König von Vorgängen, die sie besorgt machten. In Berlin waren wegen der katholischen Soldatenkinder auch römisch-katholische Schulen eingerichtet worden. Diese gäben zu Beschwerden

Anlaß, vor allem, weil »wider des Königs ausdrücklichen Befehl aus Protestanten römisch-katholische Glaubensgenossen gemacht worden wären«. Die Herren fragten an, was zu tun sei und ob die Schulen zu schließen wären.

Der König, selber aus evangelischer Tradition kommend, schrieb an den Rand der schriftlichen Eingabe: »Die Religionen müssen alle toleriert werden und muß die Regierung nur ein Auge darauf haben, daß keine der anderen Abbruch tue. Denn hier muß jeder nach seiner Fasson selig werden.«

Der königliche Satz – viele wissen, daß er von Friedrich II. stammt, dem die Geschichte den Beinamen »der Große« gab – wird immer noch zitiert. Denn er ist ein Musterbeispiel an Toleranz. Und tolerant sind wir ja auch. Und halten uns darauf etwas zugute.

Junge Menschen driften ab zu den sogenannten Jugendsekten, wo sie ausgenützt, irregeleitet, auf einen Guru eingeschworen werden, der immer recht hat. Laßt sie doch! Denn jeder soll nach seiner Fasson selig werden.

Eine Frau weiß nach der Scheidung keinen anderen Ausweg mehr als den Alkohol. Man kann beinahe zuschauen, wie sie in die Abhängigkeit rutscht. Laßt sie doch! Denn jeder soll nach seiner eigenen Fasson selig werden.

Angehörige erzählen mir vom langen und schlimmen Leiden eines Verstorbenen. Ich frage sie, ob der Vater beten konnte. Sie schauen mich an, als ob ich etwas Unanständiges gefragt hätte: »Das wissen wir doch nicht.« Da mischen wir uns nicht ein. Jeder soll doch nach seiner eigenen Fasson selig werden.

Nein, das ist nicht Toleranz. Das ist Gleichgültigkeit, die zum Erschrecken ist und zum Zynismus wird. »Jeder soll nach seiner Fasson verführt werden, ratlos bleiben, verzweifeln. Jeder soll nach seiner Fasson vor die Hunde gehen.« Das ist – leider – vielfach daraus geworden, wenn heute die Worte des aufgeklärten Preußenkönigs in den Mund genommen werden.

Sie waren ohne Zweifel angebracht. Sie sind so, wie sie gemeint waren, immer noch richtig. Es ist nicht Sache des Staates, Religionen einzuführen, eine Religion zu monopolisieren oder eine Religion zu verbieten. Es kann sehr wohl Sache des Staates sein, die Freiheit seiner Bürger, auch die Religionsfreiheit, zu schützen. Das ist richtig.

Das war einst ein wesentlicher Fortschritt. Und hinter diese Freiheit will niemand hier zurück. Ich werde also die Überzeugung und den Glauben eines anderen Menschen achten. Das heißt aber für mich nicht, daß ich deshalb mit meiner Überzeugung und meinem Glauben hinterm Berg halten muß. Zumal dann nicht, wenn ich meine, daß eben diese Überzeugung und dieser Glaube einem anderen helfen könnten.

Wenn mir einer sagt: Woher weißt du denn, daß das, was für dich gut ist, auch gut ist für alle, dann werde ich ihm den Beweis schuldig bleiben müssen. Aber ich erlaube mir zurückzufragen: Was tust du denn, wenn du um dich herum Hoffnungslosigkeit siehst und selber eine Hoffnung gefunden hast? Was tust du denn, wenn du einem Menschen begegnest, der verletzt ist, verwundet, beschädigt, und du selber bist geheilt worden? Was tust du denn, wenn du siehst, daß einer ratlos oder orientierungslos umherirrt? Wenn er in eine Sackgasse geht, von der du selber schon ausprobiert hast, daß sie nicht weiterführt? »Unterlassene Hilfeleistung« gibt es doch auch im Bereich seelischer Not!

Wir haben vor lauter Angst, jemand könnte uns für intolerant oder gar für aufdringlich halten, eine wichtige Forderung der Bibel vergessen: »Seid bereit, jedermann Rechenschaft zu geben von der Hoffnung, die in euch ist.«

Toleranz ist etwas anderes als Nichteinmischung, auch wenn es wahr ist, daß eine »Einmischung in innere Angelegenheiten« sehr intolerant sein kann. Das gilt bestimmt auch für den zwischenmenschlichen Bereich. Ich denke, das hängt sehr von ihrer Art und Weise ab. Es hängt auch von der Sprache ab, die dabei gebraucht wird. Besserwisserei und Sicherheit, vorgestanzte Antworten und fertige Urteile, auch unfehlbare Dogmen helfen in der Regel nicht weiter.

Jesus hat vorzugsweise Geschichten erzählt, Gleichnisse. Wenn einer erzählt, Erfundenes oder Erlebtes, läßt er dem, der zuhört, die Freiheit, etwas damit anzufangen oder nicht.

Dann wird einer damit rechnen müssen, daß sein Reden erfolglos bleibt.

Von Jesu wird das auch berichtet. Nur: für ihn war das weder ein Grund, die Methode zu wechseln, noch ein Grund zu schweigen. Weil ihm die Mitmenschen nicht gleichgültig waren.

## *Dein Reich komme*

Herr, dein Reich komme!
Unsere Zeit geht dahin,
unsere Welt wird nicht besser,
unser Leben nicht reicher.

Herr, dein Reich komme!
Du gabst uns Menschen einander,
aber wir bringen uns um
durch Krieg, Konkurrenzkampf,
Gleichgültigkeit.

Herr, dein Reich komme!
Du gabst uns eine gute Erde,
aber wir vergiften das Wasser,
wir verpesten die Luft,
wir räubern die Natur aus.

Herr, dein Reich komme!
Dein Reich ist Friede
und Freude und Gerechtigkeit.
Gib uns Zeit, daß wir Frieden machen,
gib uns Zeit, daß wir Freude bringen,
gib uns Zeit, daß wir Gerechtigkeit schaffen.

Herr, dein Reich komme!
Gib uns Zeit zu lieben,
gib uns die Ewigkeit,
daß sich unser Leben erfüllt.

## *Ein Fest vor Gott*

Ein Fest vor Gott hat praktische Folgen. Im biblischen Gebot steht: »Du sollst keine Arbeit tun, auch nicht dein Sohn, deine Tochter, dein Knecht, deine Magd, dein Vieh, der Fremdling, der in deiner Stadt lebt.«

Es ist also nicht gleichgültig, was die Knechte, die Kinder, die Fremden tun, ob sie feiern, lachen, ruhen können. Unsere Feste sind oft asozial: man muß die Augen zumachen und gut vergessen können, um zu feiern. Unsere Feste sind oft exklusiv. Manche sind sehr stolz darauf, daß man nicht mit jedermann, sondern nur mit Auserwählten zusammen ist.

Aber Gottes Feiertag kennt keine Klassen, auch keine Privilegien. Nicht die der Lebenserfahrung – die Kinder gehören dazu. Nicht die des Standes – Arbeitnehmer, Abhängige gehören dazu. Nicht die des Volkstums – die Fremden, die Gastarbeiter sind auch gemeint. Jesus, der das Reich Gottes mit einem Fest vergleicht, macht mit Nachdruck deutlich, daß die von den Hecken und Zäunen mit eingeladen sind.

# *Siehe, ich komme zu dir*

»Heimsuchung heißt heute:
ein Schicksalsschlag oder eine
Krankheit, ein Trauerfall.
Gemeint war ursprünglich:
Gott sucht uns daheim.
Er sucht uns zu Hause auf.
Er weiß unsere Adresse und das
Stockwerk, in dem wir wohnen.«

## *Selig seid ihr Ungeliebten*

Was heißt Advent?
Der Herr spricht:
*»Siehe, ich komme und will bei dir wohnen!«*
Das heißt Advent.

Allerdings – Christus drängt sich nicht auf.
Er nimmt unsere Häuser und Herzen nicht im Sturm.
Man kann ihn draußen warten lassen.
Das ist leicht, denn er wartet wirklich.
Wartet, ob wir Platz haben für ihn.

Aber – wie sollen wir Platz haben für ihn?
Wir haben nicht einmal Platz
für seine Worte in unserer Welt.
Oder ist es anders?

Jesus sagt:
*Selig seid ihr Armen, denn das Reich Gottes ist euer.*
Wir sagen: Geld regiert die Welt.
Wir meinen: Um alles in der Welt – bloß nicht arm sein.
Wir sagen den Armen: Ihr tut uns ja so leid.
Und meinen dabei: Laßt uns doch in Ruhe.
Wir sagen: Geduld,
und meinen: – selber schuld!
Aber Jesus meint:
*Selig seid ihr Armen, denn ihr habt mich!*
Jesus hat Armen geholfen.

Jesus sagt:
*Selig seid ihr Hungernden, denn ihr sollt satt werden.*
Wir sagen: Essen und Trinken hält Leib und Seele zusammen.
Wir meinen: Um alles in der Welt – bloß nicht hungrig sein.
Wir sagen den Hungrigen: Ja, das ist schrecklich!
Und meinen dabei: Machen kann man da nichts.
Wir sagen: Geduld,
und meinen: – nicht unsere Schuld.

Aber Jesus meint:
*Selig seid ihr Hungernden, denn ihr habt mich!*
Jesus hat Hungrige gespeist.

Jesus sagt:
*Selig seid ihr Weinenden, denn ihr werdet lachen.*
Wir sagen: Meide den Kummer und meide den Schmerz ...
Wir meinen: Um alles in der Welt – bloß nicht traurig sein.
Wir sagen den Traurigen: Aufrichtige Teilnahme.
Und meinen dabei: Pech gehabt.
Wir sagen: Geduld,
und meinen: – nicht unsere Schuld.
Aber Jesus meint:
*Selig seid ihr Weinenden, denn ihr habt mich.*
Jesus hat Traurige getröstet.

Jesus sagt:
*Selig seid ihr, wenn euch die Menschen hassen um meinetwillen.*
Wir sagen: Nur nicht auffallen.
Wir meinen: Um alles in der Welt – bloß nicht unbeliebt sein.
Wir sagen den Unbeliebten:
Recht hast du – und Recht muß Recht bleiben.
Und meinen: Ehrlichkeit ist dumm.
Wir sagen: Geduld,
und meinen: – selber schuld!
Aber Jesus meint:
*Selig seid ihr Ungeliebten, denn ihr habt mich.*
Jesus hat Ungeliebte geliebt.

## *Lauft zum Kind*

Singt nun alle, singt mit uns, ihr Leute.
Fröhlich singen woll'n wir mit euch heute.
Singt dem Herrn, singt ihm gern,
singt von der Krippe und von Stall und Stern.

Lauft nun alle, lauft mit uns, ihr Leute.
Eilig laufen woll'n wir mit euch heute.
Lauft geschwind, lauft zum Kind,
lauft, denn Gott wohnt jetzt, wo die Menschen sind.

Schaut nun alle, schaut mit uns, ihr Leute.
Dankbar schauen woll'n wir mit euch heute.
Schaut gut hin, faßt den Sinn,
schaut, euer Herr liegt in der Krippe drin.

## *Gott sucht uns daheim*

Täusche ich mich, wenn ich sage: Die Wohnung, das Zuhause spielt in der Adventszeit eine größere Rolle als sonst? Ich erinnere mich noch gut: Als ich zum erstenmal für längere Zeit das Elternhaus verlassen mußte, hat es mir im Dezember am stärksten gefehlt. Ob es daher kommt, daß in dieser Zeit die Häuser besonders schön sind? Vielleicht durch das Grün der Adventskränze oder Weihnachtsbäume, durch den Glanz der Kerzen, durch Bilder oder Transparente, die aufgehängt werden, durch Adventskalender oder Herrnhuter Sterne? Oder weil es eine Zeit des Besuchens ist, eine Zeit, in der wir hoch leben? Gut essen und trinken sind die Signale dafür.

Oder kommt es einfach daher, daß jetzt die Tage am kürzesten und die Nächte am längsten sind? Und wenn es dunkel wird, suchen wir ganz unbewußt die Geborgenheit oder drängen uns unwillkürlich zusammen? Oder liegt es am kommenden Fest?

Für ein Fest braucht man die anderen, die mit feiern. Man kann sich doch nicht selber auf die Schulter klopfen und zu sich sagen: »Liebe Seele, iß und trink und habe guten Mut.« Der, der so sagte, wird in der Bibel als Narr bezeichnet. Mit Recht, denn nur ein Narr feiert freiwillig mit sich allein.

Mir ist aufgefallen, daß in den Geschichten der Bibel, die das Ganze in Gang gesetzt haben und derentwegen wir eigentlich Advent und Weihnachten feiern, auch das Zuhause eine große Rolle spielt. Das beginnt bei Versprechungen, die lange vor Christus gehört und geglaubt und weitergegeben wurden. »Siehe, ich komme und will bei dir wohnen«, spricht Gott. Das war eins von diesen Versprechen, und darauf haben sie gewartet.

Die Ankündigung der Geburt Jesu zu Hause bei Maria heißt seit langem »Mariae Heimsuchung«. Und was die Herberge in der Weihnachtsgeschichte bedeutet, ist auch bekannt. – Das Haus spielt eine Rolle.

Da ist etwas passiert, von dem ich meine, es ist wichtig. Vorher hatten sie häufig die Welt fein säuberlich eingeteilt. Da gab es heilige Orte und normale, gewöhnliche. Heilige Orte: da wird gebetet, geopfert, gepredigt, gelobt und Glauben bekannt. Normale Orte: da wird gearbeitet, gegessen, geschlafen, gelacht und geweint. An den heiligen Orten ist Gott, an den anderen spielt sich das Leben ab.

Aber im Advent heißt es Heimsuchung. Das Wort war ursprünglich nicht so traurig gemeint, wie es bei uns gebraucht wird. Heimsuchung heißt heute: ein Schicksalsschlag oder eine Krankheit, ein Trauerfall. Gemeint war eigentlich nur: Gott sucht uns daheim. Er sucht uns zu Hause auf. Er weiß unsere Adresse und das Stockwerk, in dem wir wohnen.

Daheim sind wir vor Gott nicht sicher, wollte ich sagen, aber das klingt schon wieder so bedrohlich. Daheim sind wir nicht gottlos, nicht von Gott verlassen. Advent und Weihnachten wollen sagen: Gott ist in der Welt. Nicht nur in der Kirche. Und nicht nur im Tempel. Nicht nur in der Liturgie und nicht nur in den Sakramenten.

Das Wohnzimmer ist ihm so nahe wie der Petersdom in Rom oder die Lorenzkirche in Nürnberg. Der Frühstückstisch, auch der unaufgeräumte, ist Gott so nahe wie das Tabernakel.

Viele Leute sind im Advent und an Weihnachten gerne zu Hause. Wie viele von ihnen würden wohl Gott als Hausgenossen akzeptieren?

## *Ermutigung zum Fest*

»Machen Sie Weihnachtsgeschenke? Wenn ja: Warum?« Eine Jugendgruppe, evangelisch, wollte mit der Frage den Besuchern des vermutlich schönsten deutschen Weihnachtsmarktes, dem Christkindlesmarkt in Nürnberg, auf den Zahn fühlen. Vielleicht auch: auf die Nerven gehen.

Die Antworten der Leute wurden auf Reportergeräte aufgenommen und in einen Jugendgottesdienst eingespielt. Was dabei ein junger Franzose sagte, ist mir unvergeßlich: »Verschenken Sie heuer zu Weihnachten etwas? – »Ja, viel.« – »Und warum?« – »Läben ist so gurz.«

Das ist mir wieder eingefallen, als ich neulich das böse Wort »Verantwortungsneurose« las. Was es bedeutet, habe ich schon verstanden: Das Gefühl, immer und überall zuständig zu sein, kann einen krank machen.

Der Zusammenhang, in dem ich auf das Wort »Verantwortungsneurose« stieß, machte deutlich, daß es als Vorwurf gegen die Kirche gerichtet war: Wir Christen, oder präziser, wir Pfarrer, seien diejenigen, die den Menschen ständig neue Verantwortungen aufladen und unentwegt andere Zuständigkeiten einreden: Brot für die Welt – meine Sache. Katastrophenhilfe – meine Sache. Die neue Orgel oder die Kirchenrenovierung braucht mein Opfer. Kindergarten, Jugendarbeit, Altenclub, Mission, Diakonie sind alle auf meine Mithilfe angewiesen.

Alles das wird im Advent nicht weniger. Im Gegenteil: Wir bekommen Gesellschaft. Die Arbeiterwohlfahrt braucht Spenden, um Bedürftige zu bescheren. Die Tageszeitung stellt besonders hilfsbedürftige Menschen vor. Der Tierschutzverein veranstaltet einen Basar »für die gute Sache«. Und die Ziele vom Roten Kreuz, von Terres des Hommes, von Amnesty International, Bund Naturschutz, SOS-Kinderdorf usw. –

sind die etwa nicht nobel? Die sind doch auch unterstützenswert? Und gerade »in dieser vorweihnachtlichen Zeit«, wie manche von den Briefen beginnen.

Was soll ich machen? Wo einsteigen? Wie sehr mich engagieren? »Allen zu Diensten, zu allen Zeiten ... wahrhaftig alles auf einmal! Ich kann nicht mehr!« So singt am Ende der Hansdampf in allen Gassen, der Barbier von Sevilla, dem das »Figaro hier, Figaro dort, Figaro hinten, Figaro vorn, Figaro oben, Figaro unten ...« einfach zu viel wird. »Alles auf einmal! Ich kann nicht mehr!«

Ich möchte nicht gern falsch verstanden werden: Ich halte die Aktion »Brot für die Welt« ungefähr für das Sinnvollste und Beste, was die Evangelische Kirche in Deutschland nach dem 2. Weltkrieg zustande gebracht hat. Ich bin auch weit davon entfernt zu resignieren. Das Argument vom »Tropfen auf den heißen Stein« fand ich noch nie besonders beeindrukkend. Wer es gebraucht, um damit zu erklären, warum er etwas Gutes unterläßt, hat vermutlich noch nie selber erfahren, wie wichtig für einen Betroffenen eine kleine Hilfe werden kann.

Was mich beschäftigt, ist etwas anderes. »Leben ist so kurz«, sagte der Franzose. In der begrenzten Zeitspanne, die ich zur Verfügung habe – hat da noch alles seinen Platz? Das Engagement und das Fest? Hilfsbereitschaft und Glück? Not lindern und Schach spielen? Opfern und Singen?

Im Alten Testament wird behauptet, daß »ein jegliches seine Zeit und alles Vornehmen unter dem Himmel seine Stunde habe: Lachen hat seine Zeit, und Weinen hat seine Zeit. Klagen hat seine Zeit, und Tanzen hat seine Zeit.« Ist das überholt, oder kann das heute nur noch einer nachsagen, der eine gehörige Portion Zynismus besitzt?

Wann kann ich mir gestatten, einmal hoch zu leben – wenn ich doch andauernd weiß, wie viele andere mehr schlecht als recht leben? Wann also ist einmal »Feier-Abend« im Ursinn des Wortes?

Martin Luther hat geglaubt, daß Gott seine Sache – und das heißt ja auch: das, was für alle Menschen gut ist – auch dann voranbringen kann, wenn er, der Reformator, »sein

Krüglein Wittenbergisch Bier« trinkt. Ich füge noch ein paar Erfahrungen hinzu: Wenn ich glücklich bin, mich auf etwas freue oder eine gute Erinnerung habe, wird es mir leichter zu teilen. Wenn ich bei einem Fest ganz bei der Sache sein darf, dann kann ich es auch eher, wenn mich einer braucht.

Wenn ich wirklich Freude erfahren habe – nicht bloß einen Rausch oder ein bißchen Zerstreuung –, wenn ich also wirklich Freude erfahre, dann finde ich mich nicht leichter, sondern schwerer damit ab, daß ein anderer so freudlos lebt. Und wenn ich »frohe Feiertage« erlebe, dann werde ich vielleicht zu dem »fröhlichen Geber«, von dem die Bibel sagt, daß Gott ihn lieb hat.

Deswegen wollte ich diesen Gedanken gerne die Überschrift geben: Ermutigung zum Fest.

## *Engel ohne Flügel*

Heute kann Ihnen ein Engel begegnen. Damit das nicht allzu kindlich verstanden wird und nicht ganz wie eine Geschichte vom Märchenonkel, muß ich sagen, wie das gemeint ist. Ich möchte dazu an die Advents- und Weihnachtsgeschichten aus der Bibel erinnern. Da spielen ja Engel eine große Rolle.

Der Maria sind sie erschienen und dem Josef auch, den Hirten auf dem Feld und dem ältlichen Zacharias im Tempel. Von Flügeln steht allerdings in all den Geschichten kein Wort. Auch nicht, daß sie gesungen haben, obwohl man sich nicht ganz vorstellen kann, daß sie »Ehre sei Gott in der Höhe!« mit derselben Stimme sagen, mit der der Schaffner ruft: »Hauptbahnhof – rechts aussteigen!« Es wird auch nie erzählt, daß die Engel weiblich sind, obwohl das auch ein ganz charmanter Gedanke sein könnte.

Das Wichtigste ist offenbar schon ihre Stimme. Sie sagen etwas. Manchmal etwas, über das sich ein Mensch freut: »Gott hat dich nicht vergessen.« Manchmal sagen sie etwas zum Aufpassen: »Achtung, das Kind ist in Gefahr!«

Das Entscheidende ist offenbar: sie selber sind nicht die Hauptsache. Da ist ein Absender: Gott. Da ist eine Adresse:

von Menschen. Meine – oder Ihre vielleicht auch. Und da soll etwas vom Absender zum Adressaten gelangen. Ein Gruß: »Gegrüßet seist du, Maria!« Eine Nachricht: »Christus ist geboren.« Eine Warnung: »Geh einen anderen Weg.« Eine Liebeserklärung: »Gottes Wohlgefallen ist mit euch!« Eben dafür braucht es einen Zwischenträger. Jemand mit einem Mund. Einen Boten – eben: einen Engel.

Keinen, der sich selber so furchtbar wichtig nimmt. Keinen, der schwer und gepanzert daherkommt. Auch keinen, der würdig und gravitätisch daherschreitet. Keinen, der mit großen Worten um sich wirft. Aber schon einen, der etwas sagt. Das kann sehr einfach sein.

Engel können fliegen, haben die Maler und Dichter und Kinder gemeint. »Warum können Engel fliegen?« hat einer gefragt. Und er hat eine Antwort gegeben, die so hübsch ist und so einleuchtend, daß ich stolz wäre, wenn ich sie gefunden hätte. Warum können Engel fliegen? Weil sie sich leicht nehmen. Gibt es so jemanden?

Ich denke, ich habe einen getroffen. Es war in Oberfranken. Es war eine ältere Frau, stark gehbehindert. Wir haben vielleicht fünf Sätze miteinander gewechselt. Es war im Grunde nur eine Auskunft. Dann ging ich weiter. Beim Abschied sagte sie nicht »Auf Wiedersehen«, sie sagte »Gott schütze Sie!« Einfach so: »Gott schütze Sie!« Das hat mich an etwas erinnert. An etwas, an das man nicht so ohne weiteres denkt, wenn man durch eine fremde Stadt geht oder durch die Gegend reist: Ich brauche Gottes Schutz.

Das wäre also ein Engel. Einer, der uns im Namen Gottes etwas sagen kann: einen Gruß, eine Nachricht, eine Warnung, ein Wort der Zuneigung, manchmal einfach eine Erinnerung.

Das wäre also ein Engel. Einer, der sich leicht nimmt. Einer, dem Gott wichtig ist. Und einer, dem Sie wichtig sind. Einer, der sich selbst nicht so wichtig ist. Solche Leute gibt es. Vielleicht nicht sehr viele. Darum muß man aufpassen, daß man sie nicht übersieht. Aber einige gibt es.

# *Den Abschied aushalten*

»Wir verlieren etwas Wichtiges,
wenn wir uns vor der Trauer
und dem Leid abschirmen.
Wenn wir die Fähigkeit zu trauern
nicht trainieren,
wird unser Leben sehr armselig.«

## *Wenn die Trauer groß ist*

Ich mußte schon viele Beerdigungen halten. Die meisten in der Großstadt. Häufig wird dann gesagt: »Bitte, machen Sie es kurz.« Manchmal sogar: »Egal, was Sie sagen, nur – machen Sie es kurz!« Ich habe dabei ein sehr zwiespältiges Gefühl.

Wenn die Trauer groß ist, soll das jeder respektieren. Wer allein gelassen werden will, soll allein gelassen werden. Wenn Menschen beschließen, daß eine Beerdigung in aller Stille stattfindet, ist das ihr gutes Recht. Ein Abschied ist kein Spektakel. Schaulustige sollen wegbleiben. Menschen, die Schmerzen haben, ins Gesicht zu schauen, ist fast unanständig. Also: je kürzer, desto besser. Je weniger Menschen, desto besser.

Der Wunsch der Leidtragenden geht offensichtlich mit dem Wunsch der Bestattungsunternehmen Hand in Hand. »Sie sind neu hier? Sie wissen hoffentlich, daß Sie in 20 Minuten fertig sein müssen? Um halb ist die nächste Beerdigung. Dazwischen wird noch umdekoriert.« So ungefähr bin ich begrüßt worden, als ich zum erstenmal ins Krematorium mußte.

Also kurz. Kurz und schmerzlos geht nicht. Dann wenigstens kurz. Das kann barmherzig sein. Aber es kann auch unpersönlich sein, und ich frage mich, ob es nicht oft besser wäre, den Abschied auszuhalten.

Ich erzähle Ihnen von zwei Abschieden. Einem erfundenen, wie er sich aber oft abspielt: Irgendwo in der Halle musiziert ein Quartett. Man kann es nicht sehen, eine Empore oder Lorbeerbüsche verstecken es vor den Blicken. Ein Pfarrer redet. Er hat den Verstorbenen nicht gekannt. Texte aus der Bibel werden vorgelesen. Die Gebete sind vorformuliert. Einen eigenen Lebenslauf wollten die Angehörigen nicht. Ein Vaterunser wird gesprochen, ein Segen über dem Sarg. Der verschwindet unter Orgelmusik in einer Gruft. Der Deckel schließt sich. Die Angehörigen werden von der Leichenfrau durch einen Seitenausgang hinausgeführt. Die Halle leert sich schnell.

Eine andere Beerdigung, die mir aber sehr nahe ging: Ich

stand in der ersten Reihe der Leidtragenden. Viele Menschen kommen zum offenen Sarg in der Leichenhalle. Manche werden an Vergangenes denken, manche werden beten. Manche werden einander an die Lebensgeschichte und an die Sterbensgeschichte des Toten erinnern. Manche werden nur schauen und traurig sein.

Etliche weinen. Die Männer haben die Hüte abgenommen. Viele haben die Hände gefaltet. Es gibt viel Wiedersehen am Sarg. Menschen, die sich lange nicht gesehen haben, werden durch den Abschied zusammengeführt. Der Pfarrer kommt und fordert auf, ein Lied mitzusingen. Man merkt aus seinen Worten, daß er den Toten gut kannte und traurig ist. Dann singt ein Chor, in dem der Verstorbene Mitglied war. Es klingt nicht gerade überwältigend schön. Viele sind einfach zu gerührt.

Der Sarg wird zugemacht und zum Grab getragen. Es ist ein langer Weg. Es ist ein langer Zug. Nach der Bestattung singt wieder ein Chor. Dann spricht der Vorsitzende des Turnvereins. Die Stimme versagt ihm, er bricht ab. Ein Arbeitskollege redet. Es sind schmucklose, aber ehrliche Sätze. Die Menschen treten, einer nach dem anderen, ans Grab. Sie werfen ein paar Blumen hinunter, stehen ein paar Augenblicke still. Dann kommen sie und sagen ihr Beileid.

Nachher ist Leichenschmaus. Das halbe Dorf ist geladen. Man hat den Eindruck, es wird sehr viel gegessen. Langsam wird es wieder lauter. Der Abschied war lang. Wehgetan hat er auch. Aber ich denke, er war menschlicher.

Sicher werden wir Sitten des Dorfes nicht einfach auf die Stadt übertragen können. Aber ich wünsche mir, daß wir überall lernen, den Abschied auszuhalten.

Manche loben das Zahnweh, weil es eine besonders schöne Erfahrung ist, wenn der Schmerz nachläßt. So meine ich es nicht. Aber ich meine, wir verlieren etwas Wichtiges, wenn wir uns vor der Trauer und dem Leid so abzuschirmen versuchen. Unsere Fähigkeit zu trauern hängt sicher mit unserer Fähigkeit, einen Menschen lieb zu haben, zusammen. Und wenn wir diese nicht trainieren, wird unser Leben sehr armselig.

Zum menschlichen Leben gehört das Trauern und gehört das Trösten, genauso wie Freude haben und Freude machen. Wer vor dem einen flieht, wird das andere kaum lernen. Außerdem: mancher, der mir im Leid sein Beileid sagt, meint wirklich, was er sagt. Und ob Leid kleiner wird, wenn man es teilt und mitteilt, das kommt auf den Versuch an.

## *Trost*

Trost heißt: die Gegenwart Gottes glauben. Wo Gott ist, da ist Trost. In seinen Abschiedsreden nannte Jesus den Geist Gottes den Tröster. Nicht, weil der aus Pessimisten Optimisten macht, sondern weil uns dieser Geist die Gegenwart Gottes gewiß macht. Wenn also Menschen getröstet werden sollen, dann soll ihnen gesagt werden: Gott ist da. Mehr nicht. Aber weniger auch nicht.

## *Psalm 126*

Wenn der Herr die Gefangenen befreit,
wird es werden wie ein Traum,
und es klingen die Lieder dieser Zeit
nur nach Loben und nach Lachen.

Bei den Völkern der Erde wird erzählt:
Großes hat ihr Gott getan.
Er hat uns zu seinem Volk erwählt,
und er wird uns fröhlich machen.

Herr, befreie uns bald mit starker Hand
aus den Ängsten und dem Zwang.
Ohne dich sind wir wie ein Bach im Sand,
ohne dich versiegt das Leben.

Du hörst jeden, der noch weint und klagt,
Herr, verwandle seine Not.
Und für jeden, der sich sinnlos plagt,
soll es reiche Ernte geben.

## *Persönliche Krankheitserfahrungen*

Was ich Ihnen heute sagen möchte, sind nicht Gedanken eines Fachmanns, nicht Überlegungen des Klinikseelsorgers oder gar Erkenntnisse des Arztes. Was ich weitergeben möchte, sind sehr persönliche Erfahrungen eines Betroffenen, der sich plötzlich als Notfall in einer Kopfklinik wiederfand, eine schwere Operation erlebte und sich nun, wie man so sagt, wieder im Leben zurechtfinden muß.

Das mit den persönlichen Erfahrungen hat ja zwei Seiten, zwei ganz verschiedene sogar. Es sind sehr private, ganz und gar subjektive Dinge. Andere Menschen haben ein anderes Krankheitsbild und einen anderen Krankheitsverlauf, haben andere Ärzte oder Schwestern, ein anderes Krankenhaus vorgefunden. Kann man also überhaupt darüber reden? Soll man darüber reden? Ein Freund schrieb mir auf einen Zettel ein paar Sätze und legte ihn mir in der Klinik auf den Nachttisch.

> *Redet wenig oder gar nicht von eurem Leiden mit anderen. Es sei euch genug, daß der Herr, euer Gott, euch leiden sieht. Vielleicht hat er euch eben durch diese Krankheit wollen besonders nehmen, weil er euch etwas Herzliches zu sagen hat.*

Aber das ist eben nur die eine Seite der Wahrheit. Die andere gilt auch: Erfahrungen eines Patienten, d.h. Leidenden. Solche, die nicht abhängen vom Vorwissen, von möglichen Erklärungen, von dem, was der Arzt ermittelt oder was die modernen medizinischen Apparate ermöglichen. Es geht um das, was in mir selber ist oder abläuft. Und wenn da einer etwas gefunden hat, was ihm hilft, dann kann er doch davon erzählen. Mehr noch, dann ist es sogar nicht besonders anständig, das alles für sich zu behalten. Gurus und Medizinmänner halten gerne die entscheidenden Erkenntnisse zurück. Das gibt ihnen einen großen Wissensvorsprung vor den anderen. Wissen ist Macht. Ich möchte aber gerne, daß Sie auch erfahren, was ich erfahren habe, weil es mir geholfen hat.

Von Anfang an war klar, daß die Operation am Kopf nicht einfach ist und auch nicht risikolos. Der Chirurg sprach am Abend davor mit dem Patienten. »Wahrscheinlichkeitsrechnungen« fanden nicht statt, es war ein ernstes und ruhiges Gespräch ohne Schönfärberei und ohne Dramatisierung. Vielleicht war es gerade deswegen ermutigend. Und als am Ende des Gesprächs der Arzt sagte: »Wir tun, was in unserer Macht steht und morgen gehen wir es an in Gottes Namen«, da blieb auch dem Pfarrer nichts mehr hinzuzufügen. Manchmal sagt ja ein Satz eines sogenannten Laien mehr als eine ganze Predigt eines Theologen.

Vor der Operation waren ein paar Tage Zeit der Vorbereitung. Freunde hatten davon erfahren. Wenn man 17 Jahre lang in einer Region gelebt und gearbeitet hat, ist die Zahl der Menschen groß, mit denen uns etwas verbindet.

Es kommt viel Post, und es kommt zuviel Besuch. Die Abwechslung tut zwar gut, aber sie strengt auch an. Viele bringen etwas mit. Davon soll jetzt die Rede sein, weil manches wirklich die paar Tage und Stunden vor der Operation bereichert und intensiviert hat.

Ein Besuch bringt ein Heftchen mit, das eine Sammlung alter irischer Segenssprüche enthält. Ich lese sie gerne und manchmal liest mir auch meine Frau daraus vor. Manchen der Texte lesen wir mehrmals hintereinander. Zum Beispiel den, der überschrieben ist »Gute Wünsche für deinen Nächsten und dich«.

*Geh deinen Weg ruhig – mitten in Lärm und Hast –*
*und wisse, welchen Frieden die Stille dir schenken kann.*

*Steh mit allen auf gutem Fuß, wenn es geht;*
*aber gib dich selber dabei nicht auf.*

*Sage deine Wahrheit immer ruhig und klar,*
*und höre die anderen auch an,*
*selbst die langweilig Stumpfen.*
*Auch sie haben ihre Geschichte.*

*Übe dich in Vorsicht bei deinen Geschäften:*
*Die Welt ist voll von Tricks und Betrug.*
*Aber werde dadurch nicht blind*
*für das, was dir an Tugend begegnet;*
*es gibt so viele, die sich um Gutes bemühen,*
*und im Leben um dich her verbirgt sich viel Heldentum.*

*Sei du selber!*
*Vor allem: heuchle keine Zuneigung, wo du sie nicht spürst;*
*doch denke auch nicht verächtlich von der Liebe,*
*wo sie sich wieder regt.*
*Sie erfährt so viel Entzauberung, erträgt so viel Dürre*
*und wächst doch voller Ausdauer immer neu wie das Gras.*

*Lebe in Frieden mit Gott,*
*wie immer du ihn jetzt für dich begreifst;*
*und was auch immer deine Mühen und Träume sind*
*in der verwirrenden Unruhe des Lebens,*
*halte Frieden mit deiner eigenen Seele.*

*Mit all ihrem Trug,*
*ihrer Plackerei und ihren zerronnenen Träumen –*
*die Welt ist immer noch schön!*

*Lebe sorgfältig!*
*Versuche, glücklich zu sein.*

In solchen Stunden macht man ja auch Bilanz, man denkt nach, was man anders machen möchte, wenn man noch einmal eine Chance dazu hat. Die Frage taucht auf, ob man die Gewichte richtig verteilt hat, ob man wichtig nahm, was wichtig ist und nebensächlich nahm, was nebensächlich ist. Der folgende Text, der 800 Jahre alt ist und aus einem irischen Kloster stammt, hat mich dabei bewegt:

*Meinen Schöpfer zu loben,*
*der alles lenkt,*
*die vollkommene Ordnung des Himmels,*
*die Erde, das Meer, jedes Ding –*

*Über meinen Büchern zu sinnen*
*nach dem, was der Seele nützt,*
*meinen geliebten Himmel bestaunend,*
*oder auch, wenn ich Psalmen sing' –*

*Zeit, für Gottes Herrschaft zu beten*
*und für unser Heil –*
*diese Arbeit, die gar nicht schwer ist,*
*die täte ich gern.*

Wenn man über so einen Text nachdenkt, dann bohrt die Frage, ob wir nicht tatsächlich unsere Jahre zugebracht haben wie ein Geschwätz.

Vom Patenkind kommt ein Brief: »Am Donnerstag (es ist zufällig der Operationstag) machen wir einen Lichterzug. Ich werde meine Laterne für Dich tragen, daß Du bald wieder gesund wirst.«

Annette ruft an. Annette ist neun Jahre alt. Sie ist sehr eifrig in der Singschule. In einem Gottesdienst soll sie nun solo singen, wirklich ganz allein. Am Telefon singt sie mir das Lied vor:

*Der Engel sagt: »Fürchtet euch nicht!*
*Ihr suchet Jesus. Er ist hier nicht.*
*Sehet die Stätte, wo er einst lag.*
*Er ist erstanden, wie er gesagt.*
*Laßt uns lobsingen vor unserem Gott,*
*der uns erlöset vom ewigen Tod.*
*Sünd' ist vergeben, halleluja,*
*Jesus bringt Leben, halleluja.*

Der Engel sagt: Fürchtet euch nicht. Fürchte ich mich? Eigentlich schon. Ein Kind wird mir zum Engel, d. h. zum Boten Gottes, der sagt »Fürchte dich nicht«. Erwachsene zeigen ihre Verbundenheit anders. Aber nicht weniger deutlich. Sie fühlen mit uns und sie hoffen mit uns.

»Ich wurde angerufen, als ich gerade die Platte ...« – gemeint war eine, die wir auch gut kennen – »... hörte. Ich habe sie für Euch noch einmal aufgelegt. Und ein bißchen geheult.« So stand in einem Brief. Und in einem andern stand: »Ich habe gar nicht gewußt, wie sehr ich Euch mag.« Oder: »Wenn Du wieder gesund bist, dann machen wir ein Fest! Ich richte es aus.« Einladungen zum Essen kommen an, ebenso gleich zweimal das Angebot, Urlaub in einer Ferienwohnung zu machen. »Wir wären sehr gern eine oder zwei Wochen mit Euch zusammen.« Und immer und immer wieder steht in den Briefen: »Wir beten für Euch.«

»Jeden Abend liege ich Gott in den Ohren wegen Dir.« – »Ich habe Sie auf die Liste unserer täglichen Fürbitten gesetzt und hoffe, Sie bald wieder von derselben streichen zu können.« – »Wir brauchen Dich noch und ich will, daß der liebe Gott das auch weiß.«

Offensichtlich ist es so: In Briefen, von denen wir nicht so sicher wissen, ob es vielleicht die letzten sind, schreiben wir plötzlich Dinge, die wir sonst nicht sagen oder schreiben. Solche Zeichen der Sympathie und der Anteilnahme sind wie ein warmer Regen für vertrocknende Pflanzen. Mit großer Freude und Dankbarkeit habe ich jeden Brief angenommen. Ich habe sie alle aufgehoben, ein kostbarer Leitzordner voll.

Meine Folgerung daraus ist, daß in einer solchen Situation der Brief das beste und am ehesten angebrachte Mittel der Verbindung ist. Besuche strengen viel mehr an und auch am Telefon hatte ich öfter das Gefühl, ich müßte jetzt Optimismus verbreiten. Denn der Anrufer möchte ja gern hören, daß es einem gut geht. Also macht man ihm Hoffnung und fällt nach dem Telefonat in ein schwarzes Loch. Beim Brief ist das anders. Der Partner hat sich überlegt, was er mitteilen will. Er hat sich festgelegt, und ich kann es in Ruhe zur Kenntnis nehmen und ich kann es, wenn ich will, ein paarmal lesen. Und ich habe Zeit zu reagieren. So waren meine Erfahrungen. Ich werde einen Kranken in der Zeit der Krise nach Möglichkeit nicht besuchen und nicht anrufen. Ich werde ihm schreiben. In der Zeit der Rekonvaleszenz dann, wenn es langsam aufwärts geht – oft zu langsam für die strapazierte Geduld – ist ein Besuch sicher sinnvoller. Besuche werden in dieser Zeit ohnehin seltener.

Einen Exkurs muß ich hier noch machen. Alle diese Zeichen der Zuneigung berühren und rühren mich. Sie machen mich dankbar. Aber manchmal legen sie sich auch schwer auf die Seele. Denn mit jedem Brief kommt ein Mensch in den Blick. Mit jedem Menschen eine Beziehung zwischen ihm und mir. Mit der Beziehung auch ein Stück Schuldigbleiben. Und das tut dann weh, wenn man nicht weiß, ob man noch einmal Gelegenheit bekommt, es gut zu machen. Da schreibt jemand einen langen und dankbaren Brief. »Du weißt nicht, wieviel Du mir gegeben hast.« Nein, das weiß ich wirklich nicht. Ich weiß nicht einmal, daß ich ihm überhaupt etwas gegeben habe. Da gibt es offenbar Leute, denen ich etwas bedeute, ohne es zu wissen. Die mich mochten, und ich hatte keine Ahnung. Erinnerungen kommen wieder. Ich hatte eigentlich eher das Gefühl, keine Zeit gehabt zu haben oder nur mit halbem Herzen dabei gewesen zu sein. Aber der andere hat das offenbar nicht nur entschuldigt, er denkt an mich in Freundschaft und Dankbarkeit. Unter einen ganzen Teil meiner Briefe müßte ich schreiben: »Ich bin nicht so gut wie ihr mich macht oder im Gedächtnis habt.«

Was mir weiterhalf in diesen trüben Gedanken, ist die Überlegung: Zum Geben und Schenken gehören bekanntlich zwei: einer, der gibt, und einer, der nimmt. Der Wert einer Gabe wird aber nicht nur vom Geber bestimmt, wieviel er dafür ausgibt oder wie gerne er schenkt. Der Wert der Gabe wird genauso auch vom Empfänger bestimmt: was es ihm bedeutet, wie wichtig er das nimmt. So kann es geschehen, daß mehr bei einem anderen ankommt, als ich gegeben habe.

Das »Tagebuch eines Landpfarrers« ist mir eingefallen, von Georges B. Da sagt eine Dame nach einem Gespräch zu einem Seelsorger: »Ich danke Ihnen sehr, Sie haben mir den Glauben wiedergegeben.« Und der Landpfarrer wundert sich: »Wie kann einer geben, was er gar nicht hat?« Und er geht hin und notiert in sein Tagebuch: »Oh, Wunder der leeren Hände!«

Vielleicht ist das das Geheimnis: Ich habe nichts, aber ich kann doch etwas geben. Mir fällt nichts ein, aber ich kann doch raten. Ich fühle mich schwach, und ich kann doch stützen. Vielleicht ist es das, was man in der Christenheit »Gnade« nennt.

Mein Exkurs ist zu Ende. Oder vielleicht gehört das, was ich jetzt berichten will, noch dazu: Wir haben Krankenkommunion gefeiert. Das Abendmahl, das Essen gegen die Schuld. Zwei meiner Brüder sind auch Pfarrer. Beide hätten selbstverständlich das Abendmahl gehalten. Aber es sollte nicht nur eine Familienfeier sein, nicht nur privat, nicht so wehmütig. Wir baten also den Krankenhauspfarrer, der es auch gerne hielt. Wir luden den kranken Zimmernachbarn ein, der sich auch anschloß. Der ganze Kreis der Familie war versammelt. Das Bild dieser Abendmahlsrunde hat mich in den Operationssaal begleitet. So ein Abendmahl ist ja kein Sterbesakrament. Leider wird es gerade von evangelischen Christen so verstanden. Ich erinnere mich noch gut an die erschrockene Antwort, als ich anbot, in einer Familie mit dem Patienten zusammen das Krankenabendmahl zu feiern: »Ist es schon soweit?«

Aber das Abendmahl ist nicht die letzte Ölung, sondern ein starkes Zeichen der Verbundenheit. Zwischen Gott und mir, zwischen uns und den Menschen, die wir lieben. Zwischen Gesunden und Kranken auch. Es war für meine Angehörigen wichtig. Für mich war es besonders wichtig. Ich denke mir, mancher Patient hierzulande wäre heilfroh – wirklich heilfroh im wahrsten Sinn des Wortes –, wenn die Angehörigen hier nicht abblocken würden.

Bei diesem Abendmahl las der Kollege den 23. Psalm, den bekannten und mir sehr lieben Psalm vom guten Hirten. Da ist auch die Rede vom dunklen Tal, durch das einer muß. Hinterher habe ich mir überlegt: Für mich heißt das dunkle Tal jetzt »Narkose«. Was wird sein, wenn die Operation gelingt und ich wieder zu mir komme? Was wird zuerst da sein? Stimmen? Oder Licht? Oder Farben? Oder Schatten, Gestalten? Das muß man sich doch merken können.

Und was wird das Letzte sein, das ich wahrnehme? Auch das möchte ich festhalten. Ich möchte alles so bewußt wie möglich erleben.

Noch ein paar Sätze zum letzten Abend. Ich war allein im Zimmer. Beim Verabschieden hatte meine Frau gesagt: »Mach doch eine Liste der Dankbarkeiten.« Das ist eine Idee, die der schweizer Schriftsteller Max Frisch einmal in seinen Tagebüchern notiert: »Man sollte ab und zu sich Rechenschaft geben, wofür man dankbar ist. Ob die Dankbarkeit zunimmt oder abnimmt oder verbraucht ist. Man sollte alles aufschreiben, so wie man eine Steuererklärung ausfüllt.« Ich habe mir das ABC in ein Heft gemalt und überlegt, was für Namen oder Dinge oder Stichworte mir zum einzelnen Buchstaben kommen. Diese Liste habe ich noch. Sie ist mir wichtig.

Dann kam der Tag der Operation. Ich erinnere mich an die beiden jungen Leute, die mich in den Saal schoben. Ich erinnere mich genau, wie ich beten wollte. Als erstes fiel mir das Vaterunser ein. Danach – vielleicht war es schon beim Hinüberdämmern – erschrak ich, weil ich dachte, jetzt fällt mir nichts mehr ein. Und dann kamen die Gebete aus der Kinderzeit, Paul Gerhardts Worte:

*Breit' aus die Flügel beide,*
*o Jesu, meine Freude,*
*und nimm dein Küchlein ein.*
*Will Satan mich verschlingen,*
*so laß die Englein singen:*
*dies Kind soll unverletzet sein.*

Was machte es, daß es nicht Abend war, sondern früh, 7.30 Uhr. Wir hatten, wie gesagt, diese Verse als Kinder jeden Abend gebetet. Später haben wir sie auch gerne und oft nachgesungen. Ich glaube, sie gingen mir in J. S. Bachs wunderschöner Vertonung durch den Kopf. Ich meinte sogar, sie im OP zu summen. Wie mir nachher mein Begleiter sagte, war ich aber ganz still.

Was nun tatsächlich die letzten Gedanken waren, kann ich nicht mehr sagen. Man dämmert sehr langsam hinüber. Hinterher, heute, sage ich: Ich bin sehr froh, daß, als wir kleine Kinder waren, die Mutter mit uns gebetet und uns diese einfachen Verse beigebracht hat. Sicher nicht mit dem Ziel, daß diese Worte dann fast ein halbes Jahrhundert später einen ausgewachsenen Pfarrer im Operationssaal trösten. Hinterher, heute, frage ich auch: Was ist mit all den Kindern, die das heute nicht mehr so erfahren? Mit denen niemand betet? Was wird die im Jahr 2030 trösten, wenn sie auf den OP-Tisch müssen? Was wird der Computer gegen die Ängste setzen?

Die Operation dauerte lang, über sechs Stunden. Aber auch lange Operationen gehen zu Ende. Was dann als erstes ins Bewußtsein drang, war weder Licht noch Sprache, nur Schmerz. Rasender Schmerz im Kopf. Ich meinte zu schreien, um Hilfe gegen die Schmerzen und aus Leibeskräften. Nachher erfuhr ich, daß es eher ein Murmeln oder Stöhnen war. Ich meinte, stundenlang zu schreien, um nachher zu hören, daß es nur Minuten waren. Und der erste klare Satz, den mir der Krankenhauspfarrer bestätigte, war keine große Erkenntnis über Leben und Tod oder über die Grenze zwischen beiden, sondern er hieß: »Wo ist mein blauer Bademantel?«

Auf der Intensivstation wachte ich langsam auf. Ich wollte wissen, ob alles vorbei ist, wieviel Uhr es sei, ob die Operation gelungen war. Ich erklärte wieder und wieder, daß ich etwas gegen die Schmerzen wollte. Und ich hatte den Eindruck, die ganze Umgebung freute sich über mein Elend. Sie freuten sich auch, aber über die gelungene Operation und darüber, daß die gefährdete Sprache offenbar nicht verlorengegangen und auch das Augenlicht in Ordnung war. Und der Schmerz half, mich ins Leben zurückzuholen.

Die zwanzig Stunden auf der Intensivstation wurden lang. Man konnte nicht sehen, ob es draußen hell war oder dunkel. In der Nacht war Alarm. Bei der Frau im Bett gegenüber sinkt der Blutdruck rapide ab. Ärzte, Pfleger und Schwestern bemühen sich um sie, mit Spritzen, Massagen, und indem sie die Patientin immer wieder ansprechen und bei ihrem Namen rufen und schütteln. Nach ungefähr zwei Stunden intensiver Anstrengungen steigt der Blutdruck wieder. Vorübergehend ist der Kampf gegen den Tod gewonnen. Zwei Tage später höre ich, die Patientin ist gestorben.

In diesen beiden Stunden habe ich etwas verstanden, was mir bis dahin fremd geblieben war. Es ist die katholische Sitte des Rosenkranzbetens. Kann man denn sechsmal oder gar fünfzehnmal hintereinander ein Vaterunser beten?

Man kann. Ein Mensch ringt mit dem Tod, stundenlang. Man selber kann gar nichts tun. Nur zuschauen, wie andere versuchen zu helfen. Der Bildschirm über dem Bett zeigt den Herzschlag an, er setzt immer wieder aus. Und ich fange immer wieder an zu beten »Vater unser im Himmel«. Es kommt gar nicht darauf an, daß im Gebet gedanklich oder logisch ein Fortschritt passiert. Es kommt darauf an, daß der neue Augenblick, die neue Situation mit Gott zusammengebracht wird: Vater unser im Himmel. In dieser Nacht war ich auch froh, den schon einmal erwähnten 23. Psalm auswendig zu kennen. Als 13jähriger Konfirmand habe ich ihn gelernt, ohne Lust und ohne Begeisterung. Jetzt habe ich ihn gebraucht. Und zwar dringend und immer wieder. Zwanzig Stunden auf der Intensivstation: das ist nicht lang. Manche sind tagelang dort. Das ist lang, wenn man daliegt, starke Schmerzen hat und an nichts sieht, wie die Zeit vergeht.

Die Morgenstunden des neuen Tages werden dann die schönsten und intensivsten des ganzen Jahres. Sie sind der Anfang des neuen Lebens. Ein freundlicher, junger Zivildienstleistender wäscht mich, rasiert mich, entfernt den unförmigen Tubus aus der Nase. Und er bringt mir etwas zu trinken. Ich habe nicht gewußt, daß Pfefferminztee so gut schmecken kann. Auch die Kindernahrung, die ich bekomme – ein Schokoladenbrei –, schmeckt ganz wunderbar. Und dann werde ich auf mein Zimmer gefahren und schaue aus dem Fenster. Der Himmel ist voller Wolken. Ich habe bisher noch nicht mit Bewußtsein wahrgenommen, wie lebendig ein grauer Himmel sein kann und wieviel verschiedene Grautöne es gibt. Diese Rückkehr ins Leben, die am Anfang in Riesenschritten passiert und ein Glücksgefühl ohnegleichen zur Folge hat, und die Rückkehr in den Alltag, in die Normalität, die ich als etwas sehr Langsames und Langwieriges erlebe, sind ein eigenes Thema, nicht weniger wichtig, als das heute Besprochene. Darüber kann ich allerdings noch nicht reden, denn ich habe den Eindruck: Jetzt, sechs Monate nach der Tumoroperation, bin ich noch mittendrin.

Manchmal habe ich auch den Eindruck: An diesen Tagen, an denen es so langsam oder gar nicht vorangeht, ist es noch schwerer und noch nötiger, den Glauben festzuhalten, der mir an den dramatischen Tagen im Krankenhaus so geholfen hat.

*Wohl mir, daß ich Jesum habe,*
*o wie feste halt ich ihn,*
*daß er mir mein Herze labe,*
*wenn ich krank und traurig bin.*
*Jesum hab ich, der mich liebet*
*und sich mir zu eigen gibet.*
*Darum laß ich Jesum nicht,*
*wenn mir gleich mein Herze bricht.*

## *Wenn Gott uns heimbringt*

Es gibt heute sehr verschiedene Weisen, über die Auferstehung nachzudenken und zu reden. Viele wiederholen treu und schlicht die Erkenntnisse und Bekenntnisse früherer Generationen. Sie halten sich in ihren Formulierungen an die Apostel oder die Kirchenväter oder die Reformatoren.

Andere versuchen, in den Vorstellungen und Denkweisen unserer Zeit die Auferstehung zu deuten und Ostern sich und anderen verständlich zu machen. Beide Wege sind möglich. Beide haben meines Erachtens ihr Recht. Um die gängigen Schlagworte zu brauchen: man kann konservativ über Ostern reden, und man kann modern über Ostern reden.

Aber man kann nicht resignierend über Ostern reden. Wer aus Ostern nicht Hoffnung gewinnt, der hat es sicher nicht verstanden. Denn eigentlich ist Ostern nicht vorbei und kein vergangenes, abgeschlossenes Ereignis. Ostern geht weiter. Heute ist Ostern.

Wieviel Wahrheit wir aus Jesu vergangener Geschichte entdeckt haben, zeigt sich daran, wieviel Hoffnung wir für unsere eigene künftige Geschichte gewonnen haben.

Seit Ostern sucht Gott uns, die sterben müssen, bei dem Lebendigen. Ob Gottes Suchen ans Ziel kommen wird? Ob er uns bei Jesus, in seiner Nachfolge, in seiner Gemeinde finden wird?

Es fällt nicht leicht, die Hoffnung, die uns Ostern ermöglicht, zu beschreiben. Es fällt leichter, sie zu beten mit einem sehr alten Hoffnungslied:

*Wenn Gott uns heimbringt*
*aus Gefangenschaft und Entfremdung,*
*wenn Gott uns heimbringt*
*aus Unfreiheit und Zerstreuung –*
*das wird wie ein Traum sein.*
*Dann wird kein Unterschied mehr sein*
*zwischen dem Lachen und dem Loben.*

## *Zeichen von Klugheit*

Das Sterben eines geliebten Menschen ist Grund zur Klage: Ach Gott, es kann nicht geschehen, daß der Tote wieder lebendig wird. Aber es ist auch Anlaß, etwas zu lernen: zum Beispiel die Vergänglichkeit von uns Menschen, daß wir »Staub und Asche« werden. Oder auch unsere Unfähigkeit zu halten, was wir haben. Weil unser letztes Hemd, auch wenn es schön und schneeweiß ist, tatsächlich keine Taschen hat.

Der 90. Psalm meint, zur Lebensweisheit gehört die Sterbensklugheit mit dazu: »Lehre uns bedenken, daß wir sterben müssen, daß wir klug werden.« Es gibt unter uns sehr viel Klugheit ohne solches Bedenken. Sie reicht für gescheite Reden und fürs Diskutieren oder auch für Examen und Prüfungen, aber für unser Leben – für unser Leben brauchen wir mehr.

Zum Beispiel die Klugheit, die nicht dreimal aufs Holz klopft, wenn von einem Unglück die Rede ist, das uns bisher nicht getroffen hat. Oder die Weisheit, die das Leben als Geschenk versteht und jeden neuen Tag als Geschenk nimmt. Oder die Einsicht, daß alles, was wir haben, uns geliehen ist für eine begrenzte Zeit, und daß wir nichts davon mitnehmen können.

»Lehre uns bedenken, daß wir sterben müssen, daß wir klug werden.« Barmherzigkeit und Dankbarkeit, Freude über die Tage unseres Lebens und Bereitschaft, die Güter unseres Lebens zu teilen – das wären Zeichen dafür, daß wir bedenken, daß wir sterben müssen.

Die Bibel sagt: Zeichen von Klugheit.

## *Das letzte Wort Jesu*

»Vater, ich befehle meinen Geist in deine Hände.« Nach dem Passionsbericht des Lukas war das erste und das letzte Wort des gekreuzigten Jesus ein Gebet. Mit der Fürbitte für die Henker hatte es begonnen. Mit dem Abendgebet des jüdischen Frommen auf den Lippen ist Jesus sechs Stunden später gestorben.

Nach allem, was geschehen ist – Unrecht und Schmerzen, Spott und Hohn – ist das Wort »Vater« nicht mehr selbstverständlich. Wenn der, der für andere den Kopf hingehalten hat, eine Dornenkrone trägt, wenn die Hände, die einer zum Segnen, zum Heilen, zum Vergeben aufgelegt hat, angenagelt sind, dann ist die Frage, wo Gott ist, und die Klage über ein ungerechtes Schicksal naheliegend.

Aber Jesus sagt »Vater«. Was ist, wenn er Gott besser kennt, anders, genauer als wir alle? Was ist, wenn er einem Gott glaubt, der die Menschen nicht läßt, wenn sie das Leben lassen? Einem Gott, der Menschen nicht aufgibt, wenn sie den Geist aufgeben? Einem Gott, in dessen Händen man ein ganzes Leben lang gut aufgehoben ist? Und im Tod immer noch?

Und was tun wir damit? Sollen wir sagen: Dein Wort in Gottes Ohr? – Soll sein Wort auch in unser Ohr? Damit auch wir lernen, beim Tod nicht nur den Geist aufzugeben, sondern in Gottes Hand zu geben? Damit wir, wenn wir die Hände von Menschen loslassen müssen oder wenn unsere eigenen Hände losgelassen werden, noch etwas von anderen Händen wissen?

»Vater, in deine Hände!« Damit wir lernen, Vater zu sagen? Nicht bis zur Todesstunde zu warten, sondern in vielen Stunden vorher üben?

## *Hoffnung*

Ich glaube, daß es sehr wichtig ist, was Jesus macht: Er hängt alle Hoffnung, alle Gewißheit an Gott. Es gibt nur eine Kontinuität von diesem zu einem anderen Leben, aus dieser in eine bessere Welt. Gott bleibt, wenn ich sterbe. Mein Leben bleibt im Gedächtnis Gottes. Nicht mehr, aber das ist genug.

Zur Veranschaulichung hilft mir manchmal folgende Überlegung: Einige Zeit bleibt ja mein Leben auch im Gedächtnis von Menschen. Aber ihr Gedenken wird rührend hilflos sein. Sie können ein Grab pflegen, ein Bild anschauen oder gut von mir sprechen. Aber ihr Gedenken macht mich nicht lebendig.

Gott ist soviel anders, soviel größer als sie, daß es genügt, wenn er meinen Namen nicht vergißt. Wenn er ihn ausspricht, bin ich, wenn er mich ruft, stehe ich da.

Solche Überlegungen könnten auch hinter den biblischen Bildern vom Buch des Lebens, in dem unsere Namen geschrieben sind, oder hinter der Bezeichnung »Gott Abrahams, Isaaks und Jakobs« stehen. Gottes Treue, Gottes Zuneigung, Gottes Bund mit mir sterben nicht, wenn ich sterbe. Darum ist Auferstehung möglich.

Ich glaube, daß wir, solange wir in dieser Welt leben, keine andere Anschauung von Auferstehung haben oder bekommen werden, als die von Ostern. Da hat sie angefangen, und das ganze Neue Testament ist voll von der Hoffnung, daß Gott an uns tun wird, was er an Jesus Christus getan hat.

Wenn Jesus lebt, habe ich Hoffnung. Dann kann meine Hoffnung so wachsen, daß ich bewußter und intensiver mit ihm lebe. Spätestens hier wird deutlich, wie wichtig die Auferstehungsgeschichte auch für mein Leben vor dem Tod werden kann. Ich weiß: Was ich mit ihm anfange – besser, was er mit mir angefangen hat – stirbt nicht mit dem Tod.

## *Seid gut zu eurer Hoffnung*

Gesetzt den Fall, Ostern wäre nicht gewesen – was tun wir dann, wenn Hoffnungen scheitern? Was, wenn Visionen von der Realität überrollt werden?

Sollen wir spotten? Spotten ist leicht. »Das Alter verwirklicht die Träume der Jugend. Das sieht man an Swift. In seiner Jugend hat er ein Narrenhaus gebaut. Im Alter ist er selber hineingekommen.« Sören Kierkegaard schrieb das vor 140 Jahren.

Oder sollen wir den Hoffnungen den Abschied geben? Ohne Utopie leben? Denn Utopie heißt wörtlich: »Was keinen Platz hat auf der Welt.« Was aber keinen Platz hat, ist auch keinen Gedanken wert. Also: »Lies keine Oden, mein Sohn, lies die Fahrpläne! Die sind genauer.« (H. M. Enzensberger)

Gesetzt den Fall, Ostern wäre nicht gewesen, dann tun wir gut daran, den Machern und Managern allein das Feld zu überlassen, den Funktionären und Zahlmeistern, den Verwaltern des status quo: Buchhalter verwalten die Kasse, Hausmeister die Häuser, Beamte den Staat und Pfarrer die Sakramente. So sagt man das bei uns.

Aber – gesetzt den Fall, Ostern ist nicht erfunden? Haben dann nicht die, die das glauben, allen Grund, ein paar Hoffnungen festzuhalten, trotz gescheiterter Träume und unerfüllter Wünsche? Zum Beispiel die Hoffnung, daß es Sinn hat, das Richtige zu tun, auch wenn es sich zehnmal nicht bezahlt gemacht hat? Zum Beispiel die Hoffnung, daß Enttäuschungen nicht bitter machen müssen? Zum Beispiel die Hoffnung, daß Wege, die begangen wurden und uns versperrt sind, nicht die einzig möglichen Wege sind? Zum Beispiel die Hoffnung auf Frieden, in dem es möglich wird, Waffen zu Pflügen umzuschmieden?

»Unmöglich«, sagen sie. »Ja«, antworten wir, »so unmöglich wie Leben aus Tod. So unmöglich wie Ostern.«

Welchen Sinn hat es, eine Hoffnung festzuhalten, auch wenn ich nicht weiß, wie ich sie einlösen oder verwirklichen kann? Abgesehen von Ostern fiele mir die Antwort schwer.

Nach Ostern weiß ich eine Antwort. Sie stammt aus der

Bibel, den schriftgelehrten Nachweis könnte ich erbringen. Sie sagt: Weil ihr Hoffnung habt – und zwar eine, die ihr selber nie realisieren könnt – könnt ihr heute anders und sinnvoller leben. Deswegen meine ich: Seid gut zu eurer Hoffnung. Sie macht euch besser.

## *Wie ein Traum*

Ja, Gott, du hast Großes an uns getan.
Du hast den Begrabenen aus dem Grab geholt.
Du hast dem Gekreuzigten die Zukunft gegeben.
Du hast Jesus vom Tod auferweckt.
Darüber sind wir fröhlich.

Herr, hole auch uns
und alle, die todtraurig und todmüde sind,
hole uns aus Ängsten und Zwängen und Gleichgültigkeit.
Bringe uns zum Leben,
so wie du vertrocknete Bäche wieder fließen läßt
durch deinen Regen.

Laß Freude ernten, die freudlos arbeiten,
verwandle das Weinen in Lachen.
Laß die Saat aufgehen, die Jesus gesät hat.
Laß dein Reich kommen.
Dein Reich ist Friede und Freude und Gerechtigkeit.

Gib uns Zeit, daß wir Frieden machen.
Gib uns Zeit, daß wir Freude bringen.
Gib uns Zeit, daß wir Gerechtigkeit schaffen.
Gib uns Zeit zu lieben
und gib uns die Ewigkeit,
daß sich unser Leben erfüllt.

Wenn Gott uns heimbringt –
das wird wie ein Traum sein. Amen